다 된 만화에 페미니즘 끼얹기

다 된 만화에 페미니즘 끼얹기

여성 서사 웹툰 읽기

탱알 지음

산디

들어가는 말
여성 서사 웹툰 읽기

"내가 영화를 보려면 세 가지 조건이 충족돼야 해. 첫째, 영화에 최소 두 명의 여자가 등장할 것. 둘째, 두 여성이 서로 대화를 나눌 것. 셋째, 그 대화는 남자 외의 무언가에 관한 것일 것."

앨리슨 벡델Alison Bachdel의 연재 만화 「주의 요망 레즈비언」(Dykes To Watch Out For, 1983~2008)의 가장 유명한 에피소드는 '규칙'(The Rule, 1985)일 것이다. 시리즈 주요 인물 '모Mo'와 '진저Ginger'1는 영화관을 지나고 있다. 모는 영화나 볼까 가볍게 제안하지만, 진저의 반응은 미지근하다. 진저에게는 영화를 선택하는 자기만의 규칙이 있기 때문이다. 첫머리에 인용한 대사가 바로 그 조건에 관한 내용이다. 모가 흥미를 보이자 진저는 제법 의기양양해 하지만, 두 사람은 그 와중에도 남성 원톱 영화 「용병」 「바바리안」 「자경대원」의 포스터를 차례로 스치고 있다. "내가 볼 수 있었던 마지막 영화는 「에일리언」(1979)이었지. (…) 거기선 여자 두 명이 괴물 얘기를 하거든."

가벼운 레즈비언 조크가 되리라던 벡델의 의도와는 달리, 진저의 영화 선별법은 수용자들에게 진지한 반향을 일으켰다.² 그 체념조의 관대함이 실로 파괴적인 변별력을 발휘했던 것이다. '남자에게 종속되지 않고 서로 연결된 여자 두 명만 나오면 족하다'. 이 야트막한 허들 앞에서 영화사 유수의 대작들이 줄줄이 걸려 넘어졌다. 좋은 영화를 가려내는 거름망이 되기엔 성기지만, 성차별적 작품에 불명예 딱지를 붙이기엔 충분했던 진저의 척도는 '벡델 테스트'라는 애칭으로 자리 잡는다.³ 그 이후 수십 년이 흘렀지만 벡델 테스트는 좀처럼 나이를 먹지 않는 것처럼 보인다. 콘텐츠 시장의 사정은 모와 진저가 「람보, 고질라를 만나다」 간판을 등지고 집으로 향하던 1985년과 비교해도 크게 달라지지 않았기 때문이다.

한국에서는 페미니즘 리부트를 계기로 벡델 테스트가 재조명받았다. 2015년 '메갈리아'가 터전을 짓고 2016년 '강남역 살인사건'으로 확산된 페미니즘 웨이브는 2018년 '불편한 용기' 시위로 규모를 증명했다. 햇수로 5년이 흐르는 동안 소위 헬페미⁴ 시대의 페미니스트는 세계에 밀착된 여성혐오를 기민하게 읽어내는 힘을 길렀다. 정치·사회·노동·문화·언어·생활 등 각 분야에서 전방위적인 비판이 이루어지는 가운데, 영화도 예외일 수 없었다. 「실미도」(2003)로 천만 관객 시대를 연 한국 영화 산업이야말로 여성혐오 장사로 몸집을 불려온 시장이었기 때문이다. 여성(캐릭터)의 부재, 평면화와 도구화를 계측하는 최저선의 바로미터로서 벡델 테스트가 이 '남탕' 산업의 기형적인 성불균형을 가시화하는 툴로 소환되었다.

시작은 분노였다. 남자가 만들고 남자끼리 좌충우돌하는 남자 이야기에는 살아 있는 여성 인물도, 살아 있는 여자 관객을 위한 자리도 없었다는 분노. 그러나 단순히 여성혐오적 콘텐츠를 배척하는 것만으로는 충분하지 않다. 아무것도 소비하지 않는 금욕적 삶을 지향할 게 아니라면, 여성에게도 보고 듣고 읽는 즐거움이 필요할 터였다. 길티 없는 플레저, 여자들을 위한 오락거리를 탐색하는 페미니스트들의 시선은 자연스럽게 여성 창작자와 퍼포머에게로 쏠렸다. 여자 이야기를 가장 잘 만드는 건 여자일 테니까! 여성 소비자의 니즈를 어필해 콘텐츠 시장의 판도를 바꿔야 한다는 목표의식이 더해지면서, 불매 운동의 에너지는 소비 운동으로 전이되었다. 이 같은 분위기에 힘입어 '여성 서사'라는 키워드가 출현한다.

이제는 누구나 여성 서사를 이야기하지만, 여성 서사라는 용어가 사용되는 양태는 여전히 혼란스럽기만 하다. 도대체 여성 서사란 무엇인가? 이 질문에 답하기 위해 우리는 여성 서사를 성립시키는 충분조건이 존재하는지 따져볼 수 있을 것이다. 그것은 창작자의 성별인가? 영화 「걸캅스」(2019)는 남성 감독이 메가폰을 잡았지만 꽤 괜찮은 여성 서사로 보인다. '소라넷' 이후 늘 페미니즘의 현안이었던 불법촬영 및 유포 범죄를 "일망타진"하는 여성 투톱 액션 수사물이기 때문이다. 그렇다면 여성 서사는 소재에 관한 문제인가? 원치 않는 임신으로 비혼모가 된 청소년 여성의 실존적 맥락을 지우고, 그 상태를 남성향 판타지의 틀에 맞게 손질한 웹툰 「틴맘」을 여성 서사로 분류할 이는 없을 것이다. 가정폭력·성폭력·임신·가난·장애·퀴어 등 여성의 취약한 현실이 남성적 욕망의 렌즈에 투과될 때, 그것이 얼마나 반여성적인 서사로 거듭날 수 있는지 우리는 잘 안다.

여성 서사는 여성의 욕망을 대변한다는 정의는 어떨까? 여성향 포르노 장르로서의 BL(Boys' Love, 남성애 로맨스)은 페미니스트들 사이에서 주기적으로 격렬한 논쟁을 불러일으킨다. 그것은 여성이 현실 세계의 젠더 억압을 초월해 성욕을 표출할 수 있는 창구다. 문제는 아름다운 남자들만이 존재해야 가장 완벽해지는 그 유토피아에서 여자는 줄곧 불청객 취급을 받는다는 것이다. 그렇다면 문제는 성비인가? 「스카이 캐슬」(2018~2019)은 중년 여성 중심극으로는 드물게 화제몰이에 성공한 드라마였다. 배우들의 호연과 신선한 극본에 가장 열광한 시청자층은 여성이었고, '강남 엄마'들의 욕망이라는 '혐오스러운' 소재를 위태롭게 요리하던 극의 긴장이 이완될 때 가장 큰 배반감을 느낀 시청자층도 여성이었다. 결말을 앞두고 가부장극으로 선회했어도, 「스카이 캐슬」은 여전히 여성 서사인가?

아직까지 여성 서사는 사용자의 인상이나 느낌에 근거해 자의적으로 규정되고 있는 것 같다. 그래서 여성 서사의 기준은 누가 판단하느냐에 따라 아주 느슨해지기도, 아주 빡빡해지기도 한다. 관대함을 척도로 삼았을 때, 여성의 욕망이 여성혐오적으로 굴절된 작품도 끌어안겠다는 입장은 여성 서사 스펙트럼의 한 끄트머리에 위치한다. 이 극단에서 축을 조금씩 이동할수록 여성 서사를 대항마적 개념으로 인식하는 농도가 짙어진다. 남성 구원자가 해결사로 등장하는가, 모성애를 강조하는가, 이성애 로맨스 요소가 포함되어 있는가, '여적여' 구도를 무비판적으로 답습하는가 등은 여성 서사에서 패러다임을 뒤집는 혁신성을 기대하는 이들에게 꽤 중요한 문제다. 이렇게 도달한 반대쪽 극단에서는 여성 캐릭터의 '여성스러운' 조형까지도 모니터링된다. 서사와 필연적인 관계가 없거나, 인물 설정과 충돌하는 꾸밈 요소(하이힐, 노출 의상, 진한 메이크업 등)를 수용할 수 없다는 입장이다.

그렇다면 모든 페미니스트의 윤리감을 거스르는 모든 '결격 요소'를 제거하면 그만일까? 이런 방식의 정의는 여성 서사의 범위를 지나치게 협소하게 만든다. 그것이 지나온 역사를 통째로 폐기할 수도 없고, 그 자리에 그대로 머무를 수만도 없는 현 시대의 여성 서사가 처한 아포리아다. 여성 서사라는 용어가 K-페미니즘 담론에서 자생적으로 발생했고, 또 아직까지 젊은 개념인 만큼 사용자들의 혼란 역시 불가피해 보인다. 여성 서사가 무엇이냐에 대한 의견은 분분하지만, 그럼에도 여성 서사를 호출하는 목소리는 멈출 기미를 모른다. 총체적 관점에서 콘텐츠 제작자, 창작자, 소비자 모두 변화해야 한다는 요구가 그만큼 급박하기 때문이다. '여성 서사'라는 표현 그 자체는 여성을 이 같은 대의 아래 결집시키는 직관적 구호로서는 제법 잘 기능해온 편이다. 여성 서사가 비평 용어로서 자리잡기 위해 그 의미가 정교화되어야 한다면, 지속적인 경험과 토론을 통해 마침내 결론을 도출해낼 페미니스트 집단의 지성에 희망을 걸어볼 일이다.

이 책은 여성 서사의 올바른 기준을 정립하는 작업과는 별 관계가 없다. 즉 이 책에서 긍정적으로 인용한 웹툰만이 진정한 여성 서사라거나, 부정적으로 인용했거나 인용하지 않은 웹툰은 진정한 여성 서사가 아니라는 주장은 있을 수 없다. 그럼에도 "여성 서사 웹툰 읽기"라는 부제를 달고 나오게 된 이 책은, 본문에서 주요한 레퍼런스로 삼게 될 작품들을 여성 서사로 분류하려 한다. 여성 서사의 엄밀한 정의를 유보하더라도, 광범위한 여성 서사의 스펙트럼 속에서 최대 다수의 동의를 이끌어낼 법한 영역은 존재하리라 믿는다. 다시 말해, 해당 작품이 여성 서사인가 아닌가를 놓고 독자의 의견이 충돌할 가능성이 가장 적은 영역이 있을 것이다. 이 영역으로부터 추출할 수 있는 여성 서사의 정의 가운데 하나는 '페미니즘 리부트 시대의 정신이 반영된 여성 작가의 작품'이다. 책에서는 이 좁은 정의를 기준으로 선별한 작품을 논의하고자 한다.

여성들의 '말하기'로 시작된 2015년 이후의 K-페미니즘 웨이브는 학문적인 접근보다는 민간 영역의 발화에 주목하며 현지에 최적화된 의제를 생산해왔다. 그 어느 때보다 많은 여성의 목소리가 들려오는 지금, 이 변화에 가장 빠르게 반응한 대중문화 장르는 웹툰일 것이다. 그리고 웹툰계 내에서도 변화를 가장 적극적으로 수용한 주체는 여성 작가임에 틀림없다. 물론 작품이 반드시 여성주의적인 의식화를 바탕으로 쓰여야 할 이유는 없다. 여성으로서 작가의 자의식과 작가가 해석한 시대상이 작품에 반영되는 것만으로도 충분하다. 때로는 작가가 미처 계산하지 않은 의미를 발굴해내는 독자의 참여적 읽기 활동이 작품을 더 빛나게 하기 때문이다. 이 쓰기와 읽기의 상호작용은 여성 서사가 여성 독자에게 주는 고양감의 원천이다. 작가가 해석한 세계를 작품에 반영하고 독자는 자신의 체험을 바탕으로 작품을 해독할 때, 세계-작가-작품-독자는 비로소 서로를 비추며 '우리'로 연결되는 것이다. 주류를 지배한 남성 중심 서사에서 줄곧 소외되어온 여성 독자에게는 더없이 새롭고 짜릿할 감동의 순간이다.

그래서 이 책은 여성 서사를 읽되, 이 '연결되는' 고양감이 가장 극대화되는 방식으로 작품에 접근한다. 바로 페미니즘의 렌즈를 통하는 것이다. 책에서 주요하게 다루는 작품은 대체로 2015년 이후 한국 여성의 목소리에 감응하고 있으나, 반드시 그렇다고 보기 어려운 경우도 있다. 이 작품들에 페미니즘을 열심히 '끼얹어'가며 여성주의적 텍스트 읽기를 적용하는 것은 독자의 몫이다. 일종의 수용론적 관점에서 쓰였다고 할 이 책은 총 열 개의 목차로 구성된다. 국내 여성주의 토론장에서 가장 열띠게 논의되었던 생활 차원의 의제를 추려 작성한 앞의 일곱 장과, 여성혐오 서사를 극복하는 여성 서사의 현재를 짚어보는 뒤의 세 장이다. 각각의 챕터는 여성혐오적 시대의 단상과 이를 부수고 나온 페미니즘 담론, 그리고 그 담론과 주제적으로 밀착된 작품을 엮는 방식으로 전개된다.

이 책의 분석 대상을 여성 작가의 웹툰으로 한정한 데는 한 가지 이유가 더 있다. 한국과 일본 만화계에서는 여성 작가가 쓴 여성 독자 타깃 만화를 '순정만화'로 통칭해왔다. '정확히 말할 수는 없지만 여자들이 좋아할 만한 것'을 뭉뚱그려 분류하는 여성혐오적 시각은 비평계에서도 여성을 소외시켰다. 2012년 한국만화영상진흥원에서 발표한 '한국만화 명작 100선'을 보자. 60년간의 한국 만화사에서 명작으로 선정된 여성 작가의 작품이 10편 남짓이라는 점도 문제이고, 젠더적 관점에서 비판적으로 바라보아야 할 작품들도 눈에 띈다.5 페미니즘의 영향을 조금이라도 받은 독자라면 30대 남성과 여고생이 연인으로 맺어지는 「순정만화」를 그저 명작으로 수용하기는 어려울 것이다. 근 2~3년 간 「덴마」로 페미니즘-참회록을 쓰고 있는 양영순 작가의 성 인지 감수성은 100선에 꼽힌 「누들누드」 시기만 해도 상당히 문제적이었다. 강도하 작가가 문하생들을 성추행해온 사실이 폭로된 이후 「위대한 캣츠비」에서 드러나는 여성관은 더욱 끔찍하게 느껴진다. 애초에 해당 목록에서 여성 작가의 작품을 제외하고, 그중에서 아동 만화를 제하면, 벡델 테스트를 통과하는 작품은 몇 편이나 되는가?

페미니즘적 텍스트 읽기 가능성이 열려 있는 여성 만화는 '헬페미' 시대에 난데없이 솟아난 신문물은 아니다. 1990년대에도 신일숙의 『1999년생』, 이미라의 『남성해방대작전』, 강경옥의 『별빛속에』 등 젠더 위계를 반전하거나 주체적인 여성 인물이 활약하는 여성 중심 서사가 분명히 있었다. 이 조류는 왜 일부 여성 독자만이 기억하는 과거가 되어버렸는가?6 그리스 신화를 여성 서사로 재해석한 「카산드라」(2012~2014, 다음 웹툰 연재)는 드물게 1990년대 여성만화 부흥기의 향수를 간직한 작품이지만, 그마저도 작가가 가정사로 연재를 중단하면서 결말을 볼 수 없게 되었고 현재는 「푸른사막 아아루」(2017~, 네이버 웹툰 연재)가 명맥을 이어가고 있다. 『짱』 같은 학원폭력물도 한국 소년만화의 계보를 형성하는 가운데, 여성 작가의 여성 만화는 그 의미나 성취에 걸맞은 찬사를 받기보다는 쉬이 '명작'의 목록 바깥으로 밀려난다. 만화란 단순히 당대 독자에게 많이 읽히기만 하면 그만인 것일까? 무엇이 한 작품을 역사적으로 유의미한 명작으로 만드는가? 나는 그것이 작품을 끊임없이 되새김질하며 불러내는 목소리라고 생각한다.

세계의 절반을 차지하는 남성이 그 가치를 도통 인정하려 하지 않기 때문에, 혹은 그 나머지 절반인 여성에게마저 경시된다는 이유로, 여자들의 이야기는 너무 쉽게 사라지곤 한다. 이제 창작과 비평 활동에서 젠더 감수성은 무시할 수 없는 요소가 되었다. 이미 달성했어야 할 과제를 너무 늦게 따라잡고 있다는 감은 있지만, 그렇기 때문에 여성 독자가 할 수 있는 역할이 분명히 있다. 담론의 생산자로서 목격하고 느낀 바를 기록하는 것이다. 페미니즘과 친하지 않은 웹툰 독자는 이 책을 통해 동시대 K-페미니즘의 전개를 살펴볼 수 있었으면 한다. 페미니즘과는 친하지만, 웹툰과는 친하지 않은 독자들은 이 책을 통해 더 많은 여성 서사를 소개받을 수 있었으면 한다. 이 책이 어떤 여성 창작자에게는 작업을 이어나가는 작은 힘이 되기를 바란다. 여자들의 이야기가 흩어지지 않고 계보를 그려나갈 미래를 상상한다. 같은 마음이 모여 현재의 세대가 다음 세대와 연결되길 기대한다. 이것이 이 책을 쓰는 목적이다.

2019년 5월

탱알

주

1   '규칙'에 등장하는 두 인물은 정확히 말하면 '모'와 '진저'의 전신이다. 작품 초기까지는 이름이 없다가, 연재가 장기화되면서 외형적 개성과 인격적 특징을 연장해 '모'와 '진저'라는 캐릭터로 정착했다. 글에서는 편의를 위해 해당 인물들의 호칭을 '모'와 '진저'로 표기한다.

2   Kinsee Morlan, "Comic-Con vs. the Bechdel Test," *San Diego Citybeat*, 2014.7.23.

3   앨리슨 벡델은 '규칙'이 그의 지인인 리즈 월리스Liz Wallace의 아이디어로부터 출발한 에피소드임을 분명히 밝혀왔으며, 그렇기 때문에 '벡델 테스트'보다는 '벡델-월리스 테스트'라고 불리기를 선호한다고 언급한 바 있다. 또한 개인 홈페이지 포스트(http://dykestowatchoutfor.com/testy)를 통해 리즈 월리스 역시 그 아이디어의 영감을 버지니아 울프의 수필집 『자기만의 방』으로부터 얻었을 것이라고 덧붙였다.

4   1990년대 페미니즘 붐을 주도했던 '영페미' 세대와 2015년 이후의 신생 페미니스트를 구분하기 위해 새롭게 생겨난 호칭이다. '헬조선' 시대의 페미니스트라는 의미로, '헬페미' 외에 '영영페미'라고 불리기도 한다.

5   「한국만화 명작 100선: 본지-진흥원 '100선 기획' 어떻게」, 『서울신문』, 2012.4.22. '한국만화 명작 100선'에 포함된 여성 작가의 작품은 다음과 같다. 김혜린 『북해의 별』(1983), 황미나 『굿바이 미스터 블랙』(1983), 신일숙 『아르미안의 네 딸들』(1986), 김혜린 『비천무』(1988), 김진 『바람의 나라』(1992), 김혜린 『불의 검』(1992), 신일숙 『리니지』(1993), 원수연 『풀하우스』(1993), 황미나 『레드문』(1994), 박희정 『호텔 아프리카』(1995), 천계영 『오디션』(1998), 박소희 『궁』(2002).

6   오경아, 「잊힌 순정만화의 시대」(IZE, 2016.12.7.)를 참조함.

목차

들어가는 말
- 5 -

우리 '탈가정'할 수 있을까
단지 「단지」(2015~2017)
- 21 -

'코르셋' 밖으로
기맹기 「내 ID는 강남미인!」(2016~2017)
이연 「화장 지워주는 남자」(2018~)
- 47 -

비혼의 조건
호올 「슬픔의 미학」(2017~2018)
김정연 「혼자를 기르는 법」(2015~2018)
- 81 -

나쁜 남자를 사랑한 개념녀
요니 「소설」(2018~2019)
- 109 -

헬조선이냐 탈조선이냐
경선 「데일리 프랑스」(2018~)
- 139 -

맘카페에서나 하라던 이야기
수신지 「며느라기」(2017~2018)
쇼쇼 「아기낳는만화」(2017~2018)
– 165 –

여자, 퀴어, 여자 퀴어
검둥 「안녕은하세요」(2018~2019)
– 195 –

냉장고에서 뛰쳐나온 여자들
박지은 「아메리카노 엑소더스」(2014~2019)
– 225 –

'빩은' 고전 다시 읽기
돌배 「계룡선녀전」(2017~2018)
seri, 비완 「그녀의 심청」(2017~2019)
– 253 –

연대하는 여성
매미, 희세 「마스크걸」(2015~2018)
– 285 –

여성 서사 웹툰 추천
– 319 –

우리 '탈가정'할 수 있을까

단지 「단지」(2015~2017)

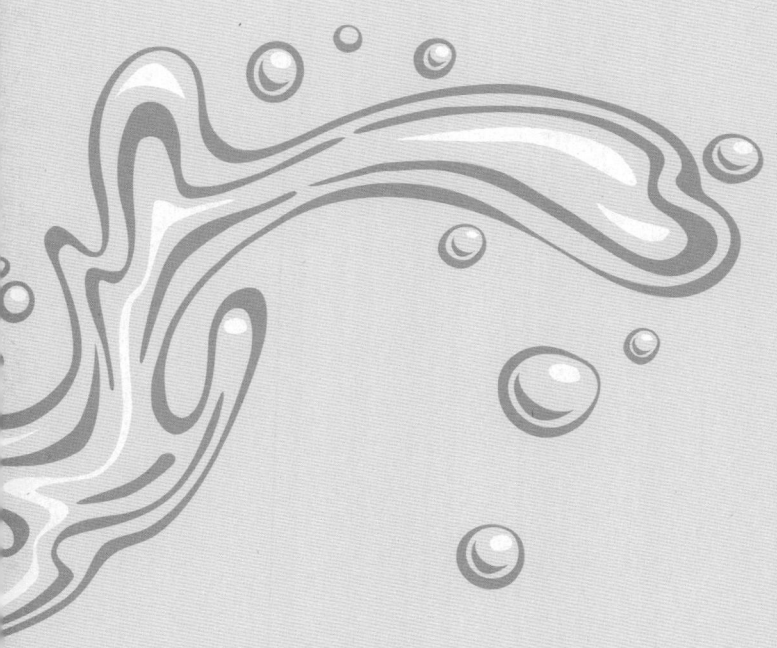

환상 속의 그대

초등학교 때, 아이들의 가족관계를 조사하며 선생님은 손을 들어보라고 했다. 외동이 절반쯤, 둘인 집이 또 절반쯤, 셋인 집은 한 명도 없었고, 형제자매가 더 많은 나에게는 손 들 차례조차 돌아오지 않았다. 어른들은 내 또래에서 찾아보기 어려운 '무남다녀'의 가족 구성과 누가 들어도 '남자 같은' 내 이름에 대해 꼭 한두 마디씩 해댔다. 세계가 나를 해석하는 방식이 유쾌하진 않았지만 그건 부정할 수 없는 사실이기도 했다. 나와 내 자매들은 "아들딸 구별 말고 둘만 낳아 잘 기르자"라는 표어가 득세하던 시대에 아들딸을 유난스럽게 구별하느라 너무 많이 나와버린 '여식'이었으니까.

나의 엄마 세대 사람들은 내가 실패작임을 한눈에 알아보았다. 작명소에서 그렇고 그런 이름을 받아 온 자매들과는 달리 내 이름은 너무나 노골적이었던 것이다. "부모님이 아들 낳으려고 하셨던 모양"이라는 동정 섞인 감탄은 내 이름에 따라붙는 후렴구 같은 것이었다. 나는 걸어다니는 구습의 화신으로서 일찍이 너스레 떠는 법을 익혔다. 이번 만큼은 아들이 분명하다는 가문의 염원에 힘입어 뱃속에서부터 남자 이름을 가지고 태어났다는 탄생 비화가 사람들을 웃게 만들 수도 있다는 것을 알아냈다.

우리 자매에게는 여동생이 하나 더 있을 뻔했다. 엄마의 낙태 경험담은 홀로 병원을 찾는 장면에서 출발해 수술을 받은 즉시 가사 업무에 복귀하는 장면으로 끝난다. 엄마는 '아들 못 낳는 여자'라 수모를 당했던 자기 삶에 대한 연민과 그까짓 시련쯤 극복한 강인함에 대한 경외를 동시에 받고 싶어 했다. 십수 년간 잊을 만하면 되풀이되던 그 무용담으로부터 나는 한 가지 진실을 건져냈다. 나는 여아 성감별 낙태가 이루어졌던 가정의 생존자라는 것이다. 이 '출생 비하인드 스토리'는 자학 개그 소재로도 영 적합하지 않았다. 의사 결정 알고리즘에서 '아들인가?'라는 질문에 '예'라고 오답한 덕분에 세상에 나올 수 있었던 나라는 존재의 삶은, '아니오'라는 정답이 야기했을 비극과 너무 가까웠기 때문에.

나의 악취미 중 하나는 이 집안에 아들이 태어났다고 가정하고 차별의 풍경을 시뮬레이션해보는 것이다. 나와 자매들은 아들 없길 천만다행이라고 입을 모았다. 단 하나뿐이고 귀중한 후계자에게 집중된 양육 자원이 얼마나 이기적이고 폭력적이고 나약한 인간을 탄생시켰을지 눈에 선했다. 나는 할 수만 있다면 남자가 되고 싶기도 했다. 부모는 가져본 적도 없는 아들을 애타게 그리워했고, 그 숭배의 열기 속에서 나는 늘 미완성 인간으로 취급받았다. '남자가 없어서 집안이 이 꼴'이라는 질책에 비하면 '아들 사주 갖고 나온 딸'이라는 모멸적 칭찬은 달콤하게 들렸다. 그래서 나는 한동안 내 안의 '여성성'을 매정하게 몰아냈다. 그것은 아들이라는 기대를 저버린 나를 벌하는 수단이기도 했다. 부모를 덜 미워하고 부모에게 더 사랑받기 위해, 살아 있는 딸인 나보다 언제나 더 온전하고 훌륭한 '아들 귀신'을 이겨보기 위해 끌어 쓴 에너지는 어마어마했다. 그 동력은 좀 더 생산적으로 쓰일 수도 있었을 것이다. 내가 아들이기만 했다면.

출처 레진코믹스 「단지」
작가 단지

여아 선호라는 거짓말

'백마띠'의 해 1990년, 여아 100명당 남아 116.8명이 태어났다. 정부와 매스컴은 성감별 낙태의 생존자들이 취학 아동이 될 무렵부터 호들갑을 떨기 시작했다. '여자 짝꿍 없는' 동시대의 남아와 '신붓감 부족'으로 홀로 남겨질 미래의 남자를 걱정하는 기상천외한 캠페인으로 말이다. 이 나라에서는 기형적인 성비 불균형도 여자의 문제가 아닌 남자의 문제였다(그것이 여자의 문제로 인식되었더라면 그토록 시끄럽게 떠들어대지도 않았을 것이다). 늘 그랬듯이, 남자들 우는 소리에 모두가 촉각을 곤두세웠다. 여아 성감별 낙태를 공공연하게 승인한 이 공동체의 야만성 따위에 신경 쓰는 사람은 거의 없었다.

세대적 차원의 인정과 반성이 있어야 할 자리를 채운 건 엉뚱하게도 '여아 선호'라는 기만이었다. '남아 선호 사상'이라는 허울 좋은 말로 포장된 젠더사이드가 휩쓸고 지나간 쑥대밭에는 딸 찬양론이 쌓였다. "딸 둘이면 금메달, 딸 하나에 아들 하나면 은메달, 아들 둘이면 목메달"이라는 우스갯소리가 입에서 입으로 전해졌다. '딸바보'를 자칭하는 다 큰 남자들이 많아지는가 싶더니, 미디어가 나서서 이 뻔

뻔한 역할 놀이를 변화한 시대의 미덕인양 전시했다.

과오를 세탁하겠다는 듯 황급히 도래한 여아 선호 시대는 곧장 여권 신장의 신호로 수용되었다. 그래서 여아 선호는 다시 '남자의 문제'로 치환된다. 여아 선호는 마치 남아 선호 시대의 복수를 끝내고도 물러날 때를 모르는 타락한 혁명 취급을 받곤 했고, 이것은 한국 남자를 억울하게 만드는 또 하나의 충분한 이유가 됐다.

그러나 애초에 여아 선호가 남아 선호를 상쇄할 반동력을 가진 적 있었던가? 남아 선호는 돌파할 길 없는 순환 논법으로 꽉 닫힌 신앙이다. '집안에는 남자가 있어야 한다. 왜냐하면 남자가 있어야 되니까'라는 식이다. 아들 찾는 사람들이 말하는 남아의 효용에는 실체가 없다. '든든하다' '대를 잇는다' 같은 정신적 만족감은 남아의 출생과 동시에 충족된다. 즉, 남아는 존재만으로도 목적을 달성한다. 그러나 여아 선호 시대의 부모들은 열심히 계산기를 두드린다. 딸을 찾는 사람들의 마음속에는 '갖고 싶은 딸'에 관한 제법 구체적인 서사가 있다. 태어나서는 키우기 편하고, 어려서는 눈을 즐겁게 하고, 자라서는 가사노동에 손을 더하고, 머리가 굵어서는 부모의 말동무가 되고, 죽기 전까지 간병을 책임지는, 예나 지금이나 그대로인 그 '좋은 딸'의

심상 말이다. '기대되는 역할을 충실히 이행한다면 여자도 태어나도 좋다'는 공동체의 허락이 떨어진 것 말고, 여아 선호 시대라고 해서 달라진 건 없다.

여성 피양육자를 권력의 주인으로 가장하는 '딸바보'가 싫은 것과 마찬가지로 자식을 '상전'이나 '갑'이라고 칭하는 양육자의 자조적 태도를 좋아하지 않는다. 양육자에게는 언제든지 피부양자의 생존 지원을 중단할 수 있는 권력이 있다. 나쁜 양육자들은 용돈을 끊거나, 휴대폰을 빼앗거나, 집에서 나가라고 협박하는 방식으로 아이에게 위계를 확인시킨다. 예쁨받기가 아이들에게는 일종의 생존 수단임을 의식하지 못하는 여아 찬양론자들은 그래서 위험하다. 자신의 욕망이 투사된 칭찬과 격려로 여성의 순종성을 강화하고, 그 순종성이 여성의 생득적 특질이라고 믿어버리기 때문이다.

아직도 너무 많은 사람이 딸의 쓸모를 기특해하는 마음과 딸을 인간으로 존중하는 마음을 혼동한다. 여자는 순응하는, 배려하는, 헌신하는, 가정적인, 섬세한, 다정한, 공감하는 동물이라는 전제 위에 형성된 여아 선호는 여권 상승과 아무런 관계도 없다. '아들 키워봤자 딸이 효도하더라'는 말에는 감정노동과 돌봄노동에 능하도록 길러져온 딸들의 과거와 앞으로도 그 의무를 잘 수행하게끔 길러질 딸들의 미래가 압축되어 있다. 이러한 기대는 순종성을 고착시켜 딸에 대한 학대를 보다 원활하게 만드는 족쇄일 따름이다.

즐거운 우리 집

웹툰 「치즈인더트랩」의 홍설은 항상 홍준에게 양보한다. 부모에게는 명문대 장학생 홍설보다 별다른 목표도 재능도 없는 홍준이 더 아픈 손가락이다. 홍설은 스물 몇 살이 되어서야 아빠에게 첫 용돈을 받지만, 홍준은 부모의 경제적·정서적 지원에 힘입어 미국으로 유학을 떠난다. 웹툰 「스피릿 핑거스」에서는 주인공 송우연이 경험하는 가정 내 차별이 주요 갈등 중 하나로 제시된다. 여느 때처럼 엄마가 사 온 '시장표' 티셔츠를 받아 든 송우연은 오빠와 남동생 몫으로 빼놓은 백화점 쇼핑백을 발견한다. 똑같은 시간에 귀가해도 따뜻한 환대와 저녁상을 받을 자격이 있는 것은 아들들뿐이다.

양친의 우성 인자를 절묘하게 조합한 혈육들 사이에서

예쁘지도 똑똑하지도 않은 자식으로 태어나 고통받게 되었다는 송우연의 자아상은 '여성임'이 아닌 '열등함'에 방점을 찍고 있다는 점에서 미운 오리 새끼에 가깝다. 그러나 송우연이 남자들이 손도 대본 적 없는 음식물 쓰레기를 전담하고, 남자 없는 거실에서 빨래를 개고도 손이 느리다고 구박받을 때, 독자는 이것이 단순히 우열에서 기인한 차별이 아님을 직감한다. "머리가 나쁘면 예쁘기라도 해야지"라거나 "계집애가 덜 떨어졌다" 같은 핀잔들, 매번 다이어트와 성형 수술 독려로 끝맺는 엄마의 대화 레퍼토리는 송우연의 성별과 밀착되어 있다.

드라마, 만화, 대중소설 등을 통틀어 가정폭력이 소재로서 가장 빈번하게 등장한 장르는 로맨스다. 여주인공의 고난을 부각하는 소품으로 아동학대 피해자성이 동원되어 온 덕분이다. '양부모에게 구박받는 딸'로 대표되는 클리셰는 혈연주의 정상 가족 이데올로기를 고스란히 반영했다. 입양, 재혼, 위탁 가정 등 후천적으로 맺어진 가족이 안전하지 않다는 편견은 그 자체로도 유해하지만, 혈연으로 맺어진 직계 가족이 가장 안전한 커뮤니티라는 믿음과 연결되어 있다는 점에서 더욱 유해하다. 같은 체벌도 친부모가 하면 '훈육'이고 '사랑'이라고 비호할 만큼 두터운 신뢰의 바탕에는 '친부모가 친자식을 해할 리 없다'는 막연한 관념이 있다. 문제는 이 관념이 아이들이 친부모를 학대자로 인식하지 못하도록 방해한다는 것이다. 부모보다 자신에게서 문제를 찾는 아이들에게 집 밖은 또다른 전쟁터가 된다. 내면화된 자기혐오로 인해 자신의 행동을 과도하게 감시하는 아이들은 무리 속에서 정상성을 구현하지 못했다고 느낄 때면 자기혐오에 더욱 빠져든다. 그럼에도 로맨스 장르는 한동안 '밝고 꿋꿋하기 때문에' 사랑받는 여주인공의 도식을 포기하지 않았다. 소재의 현실적 무게는 아무래도 좋다는 듯이.

아동학대 서사의 무대를 친자 가정으로 옮겨오면서 캐릭터에 보다 입체적인 깊이를 불어넣는 것은 근래의 웹툰에서 목격되는 변화다. 소극적이고 영민하지 못한 자신을 책망하는 「스피릿 핑거스」의 송우연, 방어적이고 무기력한 「여중생A」의 장미래, 광적인 인정 욕구에 사로잡혀 있는 「내 ID는 강남미인!」의 현수아 등 여성 캐릭터의 가정학대 피해자 정체성은 다양한 스펙트럼으로 재현된다. 이러한 변화 속에서도 사랑(남성)을 회복의 매개체로 활용하는 로맨스 문법은 완전히 극복되지 않았다. 치유 로맨스는 여전히 여성 독자의 낭만을 자극하고, 그 낭만의 중심에는 '구원자 남성'의 활약이 있다. 이 같은 구출 판타지의 위험성은 지금보다 더 예민한 시선으로 감지되고 논의되어야 한다. 가정학대 피해 여성에게 결혼이 '탈가정'의 방편으로 주어지는 현실을 부추기기 때문이다. 좋은 파트너에 대한 기준이 낮고 고통에 대한 역치는 높은 여성에게 결혼이 얼마나 안전한 선택일지 생각해보자. 학대의 고리가 새로운 가정으로 연장될 가능성을 고려하지 않은 채 구원자 남성 판타지를 재생산하는 것은 비현실적일뿐더러 무책임한 일이다.

'열정 페이' 시대의 여성청년 생존기를 블랙코미디 풍으로 그린 「열정호구」는 좀더 냉정한 현실인식을 보여준다. 지독한 취업난 끝에 '진상컴퍼니'의 시사 웹툰 작가로 입사한 주인공 박소연은 사회 초년생을 대표해 격무, 저임금, 부당 계약, 비정규직 차별, '후려치기' 등 각종 착취가 난무하는 업계 현실을 고발한다. 「열정호구」는 다소 괴팍한 작품이기도 하다. 갈등을 해소하지 않고 누적하는 특유의 전개 방식은 '사이다'의 쾌감을 찾는 독자들의 욕망과 적극적으로 불화한다. 독자는 우유부단하며 소극적인 박소연을 지탄하지만, 그 '속 터지는' 성격은 성장 환경으로부터 형성된 것이다. 박소연이 지닌 '모범생 콤플렉스' 내지 '착한 딸 콤플렉스'는 여동생 박소정을 편애하는 부모의 일관성 없는 양육에 오랫동안 휘둘려온 결과다. 박소연에게는 집이 회사보다 더 폭력적인 공간이기에, 회사보다 먼저 집을 떠난다. 예정에 없이 직장인 여성 아파트에 입주하면서 박소연의 고민은 더 커졌다. 직장인 여성 아파트의 입주 조건(월 소득 166만 원 이하)을 충족하기 위해서라도 그는 반드시 저임금 노동자로 남아야 하고, 진상컴퍼니는 최소한 그 조건을 지켜줄 것이기 때문이다. 부모의 질타가 두려워 진상컴퍼니를 그만두지 못하던 그는 이제 집으로 돌아가고 싶지 않기 때문에 진상컴퍼니를 그만둘 수 없다. "독립 자금 다 모으고 경력 1년만 채우면 이딴 회사 탈출한다"던 다짐은 뒤로 슬금슬금 물러나버린다.

화해할 수 없다면

학대 피해자는 삶의 일대기에 각인되어버린 어떤 사건을 명예 회복의 출발점으로 삼는 경향이 있는 것 같다. 「열정호구」의 박소연에게는 "대가리가 딸려서 언니 노릇도 못한다"는 폭언을 들었던 열한 살의 어느 하루가, 웹툰 「단지」의 단지에게는 엄마가 단지의 눈을 찌르겠다며 송곳을 들었던 열세 살의 어느 하루가 그런 순간으로 기록된다. 터놓고 말하면, 난 정말 많이 맞고 자랐고 대체로 맞은 이유를 기억하지 못한다. 그런 나에게도 어제 일처럼 생생히 복원할 수 있는 어떤 날이 있다.

엄마가 새 신을 사준 날이었다. 기분이 무척 들떴던 나는 내친 김에 펫숍에서 본 토끼를 사달라고 조르기 시작했다. 걷는 동안 내내 떼를 썼지만 엄마는 이상하게 말이 없었다. 집에 도착했다. 대문이 닫히기 무섭게 별안간 엄마가 구독 학습지 숙제를 검사하기 시작했다. 풀지 않은 학습지는 책상 뒤 틈에 숨겨져 있었다. 엄마는 아빠가 딸들을 '훈육'할 때 사용하던 골프채를 들었다. 나는 고작 초등학교 저학년이었다. 두들겨 맞다 죽겠다 싶을 즈음 온 힘을 다해 대문으로 내달렸다. 덜 맞아서 그랬을까? 그 긴박한 와중에도 신발장에 놓인 새 신이 눈에 들어왔다. 급하게 발을 욱여넣었지만 신발 뒤축이 너무 빳빳했다. 그 몇 초 사이 다가온 손에 머리채가 확 당겨졌다. 문 하나를 사이에 두고 집안으로 끌려 들어가던 순간의 공포감을 떠올리면 아직도 마음이 서늘하다.

부모가 자식의 의견을 수용하고 변화하면서 평화로운 가정에 한 발 가까워지는 「치즈인더트랩」이나 「스피릿 핑거스」

의 갈등 해소 방식은 환상적이다. 학대 피해자의 현실에는 이런 대단원이 없다. 나는 나에게 왜 이런 재앙이 일어났는지 정말이지 간절히 알고 싶었다. 토끼를 사달라고 보채지 않았더라면, 구독 학습지를 제때 풀었더라면 안 맞았을 텐데. 맨발로 뛰쳐나갔더라면 덜 맞았을지도 모르는데. 이미 끝난 이야기를 고쳐 쓰느라 같은 장면을 되새기고 또 되새겼지만, 수년간 함께 밥을 먹고, 대화를 하고, 생활 공간을 공유하면서 공소시효는 '자연스럽게' 만료되었다. 어른이 되어 용기를 낼 즈음에는 이미 늦었다. 단지가 송곳 사건을 언급하자 잠시 사색이 되는 듯하던 단지 엄마의 첫 마디는 "말이 되는 소릴 해"다. 박소연의 엄마는 "너 뒤끝 장난 아니다"라며 옛 기억을 꺼내는 박소연을 비웃는다. 이런 부조리한 장면들은 나에게 기묘한 안도감을 준다. 엄마가 끝내 '토끼 사건' 같은 건 없었다며 나를 거짓말쟁이 취급할 때면, 나는 엄마에게 정신적인 문제가 있는 게 아닐까 착잡한 한편으로 나 스스로 망상에 사로잡혀 있는 건 아닐까 혼란스러웠기 때문이다. 이제는 최소한 이것이 특수한 경우가 아니라는 걸 알게 되었으니 다행이다.

고압적인 부모는 자식에게, 특히 여자아이에게 사과하지 않는다는 것을 인정하기까지 얼마나 많은 싸움을 거듭해야 했던가? 내가 평생토록 곱씹어온 사건도 상대방이 '기억나지 않는다'고 하면 그만이라는 사실을 받아들이는 과정은 지난했다. 엄마의 기억 속 나는 "작고 예뻐서 혼낼 수도 없었던" 딸이었다. 내가 피해 기록을 인정받으려 할수록 부모는 지난 세월의 고생을 더 크게 하소연한다. 그들은 그 여자아이가 이제 사과 요구를 그만두고, 노년기에 적합한 '좋은 딸'의 환상을 실현해주기를 기다리고 있을 뿐이다. 부정, 회피, 비난으로 견고하게 쌓인 벽 앞에서 격분과 절망을 거듭하며 딸들은 마침내 깨닫는다. '부모와 좋은 관계를 유지하기'와 '나를 보호하기'는 대체로 양립 불가능한 과제라는 것을. 부모와의 동거가 끝나지 않는 한, 이 고통은 영원히 계속되리라는 것을.

그래서 단지는 집을 나온다. 31세의 비혼 여성 단지가 독립에 성공한 시점에서 출발하는 「단지」는 '단지'라는 가명을 빌린 작가 자신의 이야기다. 장남과 차남 사이에 낀 '고명딸' 포지션은 표면적으로는 「스피릿 핑거스」의 송우연과 같지만, 송우연과는 달리 '흠잡을 데 없이 잘나고 마음씨까지 착한 남자 형제들'이라는 동맹이 없는 단지는 맨몸으로 폭력의 현장에 나동그라진다. 1996년부터 쓴 일기를 참고해가며 복기한 성장 과정은 성차별, 따돌림, 방임, 노동 착취, 언어적·육체적 학대, 성추행 등으로 얼룩져 있다.

엄마의 애정으로부터 철저하게 소외된 단지를 관찰하며 위계를 확인한 오빠 '지남'의 패악질은 나이를 먹을수록 심해진다. 열한 살 터울인 늦둥이 남동생 '지누'는 너무 어리다는 이유로 책임을 면제받는다. 단지에게서 빼앗은 몫을 지남과 지누에게 공세하는 엄마를 관찰하면서 단지는 서서히 "엄마에게는 그냥 아들이 더 중요"함을 알게 된다. 2차 성징이 시작된 단지의 가슴을 만지는 아빠는 '딸의 가장 안전한 보호자'라는 부성애 신화를 가차없이 파괴한다. 단지는 오빠에게 맞으며 자란 여동생이자, 남동생을 아들처럼 돌보는 누나이고, 신체 접촉을 강제하는 부친을 두려워하는 딸이다. 단지는 나의 조각을, 그리고 내 친구들의 조각을 이어 붙인 한국 여자다.

엄마라는 마지막 관문

2015년 연재 당시 「단지」는 상당한 반향을 불러일으켰다. 권력 피라미드의 꼭대기에 앉은 아버지, 적극적 동조자인 오빠, 무지한 방관자인 남동생 사이에서 선봉을 잡은 가해자는 엄마다. 단지에게 폭언을 퍼붓는 단지 엄마의 얼굴은 신경질적이고 거친 선과 섬뜩한 표정 때문에 기괴해 보인다. 단지 엄마는 당혹스러운 존재다. 한국 사회에서 엄마는 무조건적인 애정과 희생으로 눈시울을 뜨겁게 하는 '성녀'로 묘사되어왔으므로. 어머니를 목놓아 부르짖는 한국 아들들의 목소리가 끓어 넘쳐온 가운데 「단지」는 한국 딸 이야기로 찬물을 끼얹은 것이다.

「단지」 이후 드물지 않게 된 모친-가정 폭력 서사는 부친-가정 폭력 서사보다 훨씬 복잡한 결을 지닌다. 기존의 가정폭력 서사에서 매 맞는 어머니의 피해자성은 으레 방임하는 어머니의 가해자성을 압도할 수 있었다. 「여중생A」의 장미래 엄마처럼 폭력을 온몸으로 받아내느라 자식을 보호할 수 없었던 어머니, 보호자로서의 의지를 상실한 무기력한 어머니에게 어떤 자세를 취해야 하는지 우리는 제법 잘 안다. 그러나 자신이 가해자라 상상조차 할 수 없는 순진함으로 무장한 가해자-엄마를, 한국 아들들은 이해하지도 공감하지도 못할 그 비밀을 어떻게 받아들여야 하는지는 딸들에게 늘 혼란스러운 문제였다.

그래서 딸들은 더욱 엄마에게 이입하고, 엄마의 역사를 알아내, 엄마를 이해하고 싶어 하는 것 같다. 단지는 엄마를 잘 안다. 단지 엄마는 모계 가족의 성차별 문화를 내면화했고, 단지 엄마의 학대에는 누군가의 아내이자 며느리이자 엄마로 투신한 삶의 분노가 투사되어 있다. 가부장제 집단에서 가장 낮은 계급을 지키고 있던 엄마에게 딸은 최초의, 그리고 유일한 식민지다. '어차피 시집갈 여자'라는 이유로 지겹고 벅찬 가사노동을 떠넘길 명분이 서는 대상, '아들보다 가깝다'는 핑계로 누구와도 공유할 수 없던 사연과 감정을 배설할 수 있는 대상. 나이를 먹으면서 나 역시 엄마를 조금 더 이해하게 되었다. 그날 엄마가 분노한 원인은 학습지도, 토끼도 아닐 것이다. 어디선가 차곡차곡 누적된 화의 임계점을 넘게 한 운 나쁜 주인공이 나였을 뿐이다. 그리고 그 화는 술에 취하지 않으면 집에 들어오지 않는 남편을 두고 명예롭지 않은 '딸부잣집'을 홀로 일궈나가야 했던 상황을 빼고는 설명할 수 없으리라.

'엄마에게 말하기'라는 과제를 앞두고 마음의 채비를 단단히 했지만, 단지는 엄마의 눈물을 보자마자 함께 눈물을 터뜨린다. 이러한 감정 동화는 거의 반사적으로 일어나고, 딸은 엄마와 거리를 유지하는 데 실패해야 정상이도록 자라나는 것처럼 보인다. 그래서 단지의 고백대로, 딸들은 "엄마를 미워하지만 한편으론 그 마음에 들고도 싶"어 하게 된다. 「스피릿 핑거스」의 송우연도 마찬가지다. 그는 "나도 마음껏 엄마를 미워하고 싶은데 그게 안 돼서 억울하단 말이야!"라고 소리친다. 엄마를 너무 잘 이해하는 마음과 그럼에도 불구하고 엄마를 용서할 수 없는 마음, 이 양가감정은 엄마와 딸로 관계 맺기 시작한 최초의 순간부터 정해져 있는 운명처럼 보인다. 엄마는 딸에게 세상에 태어나 가장 처음 목격한 여성이자 유아동기를 지배하는 역할 모델이고, 어린 시절부터 엄마에 대해 너무 많은 것을 알아버린 딸들은 엄마의 슬픔과 분노에 온 힘을 다해 공감하게 되므로.

그래서 딸들이 탈가정을 위해 극복해야 할 '끝판왕'은 엄마다. 딸에게 아버지 떠나기는 뭇 남자들이 상상하는 것만큼 무시무시한 패륜이 아니다. 아버지는 어린 딸들이 "엄마처럼 살지 않겠다"고 외치게 만드는 원인 제공자이고, 여자의 삶에서 뽑아낸 양분이 어떻게 남자의 삶을 윤택하게 살찌우는지 시연해 보이는 표본이니까. 어떤 딸에게 아버지는 나를 여자로 대하고 싶어 하는 징그러운 남자이기도 하니까. 가족을 떠나려 하는 딸들이 자꾸만 뒤를 돌아보게 된다면, 마지막 남은 이유는 하나뿐이다. '그 남자'와 단둘이 남겨질 엄마를 외면하기 어렵기 때문에. 그 남자를 위

가끔 사람들이 왜 분가를 했냐고 묻는다

사실은 엄마때문이다

「단지」 1화 중에서

해 마지막 힘을 짜내 밥을 짓고, 쓸고 닦고, 병수발까지 들어가며 인생의 마지막 구간을 불태울, 점점 쪼그라들고 기운이 쇠하는 엄마를 무시할 수가 없어서.

붙잡아지지 않는 존재

쫓겨나듯 집을 나온 단지와 형제들의 대비는 극명하다. 지남과 지누에게도 나름대로의 상처가 있다지만, 그들이 부모를 향해 표현하는 환멸은 미지근하다. 엄마의 가게를 물려받길 기대하는 지남이 몇 년째 입으로만 부르짖는 독립 계획은 어리광으로 들린다. 지누는 '완벽한 가정'을 꾸려 성장 과정에서의 결핍을 보상받을 미래를 꿈꾸고 있다. 반면 단지의 탈가정은 필사적인 자력 구제의 양상으로 나타난다. 전셋집을 얻고, 심리 상담을 받고, 상담가를 바꾸고, 여행을 떠난다. 단지가 가정학대의 피해자가 아니었다면, '아들로 태어났다면' 불필요했을 심리적·물적 손실을 생각한다. 여자라는 이유로 처음부터 적은 자원을 배분받아야 했던 딸들이 스스로를 치료하느라 너무 많은 비용을 지불하게 되는 그 부조리에 관해서 말이다.

단지는 가족에게서 가까스로 떨어져 나온 뒤로도 한동안 '좋은 딸'의 역할을 제법 잘 수행한다. 군대에 간다는 지남과 술잔을 기울이고, 아빠의 입원 소식에 마감을 제치고 달려가며, 엄마의 김장철 부름에 응한다. 명절, 경조사, 행사, 질병 등을 핑계로 집 나간 딸을 불러들이는 일은 끝나지 않을 듯 이어진다. 그것은 일방적인 의무나 역할로 부과되기도 하지만, 때로는 매몰차게 거절하기 어려운 화해의 얼굴을 하고 찾아오기도 한다. 「열정호구」에서 박소연은 어느 날 깜짝 반찬 택배를 받고 번뇌한다. 지금까지는 엄마의 연락을 애서 피해왔지만, 딸이 좋아하는 음식을 알고 챙긴 엄마의 정성을 보니 마음이 동하기도 하고, 받았다는 부채감에 화답해야 한다는 압박감도 느낀다. 그러나 그는 기어코 아파트에 찾아오겠다는 엄마를 막기 위해 꽤 잔인한 수를 쓴다. "엄마가 이 아파트에서 지내는 동안 아빠랑 동생 밥은 누가 챙겨줘?"라고 묻는 박소연은 엄마를 집안에 묶어둘 수 있는 방법을 정확히 안다.

가부장제 속에서 늘 피해자인 동시에 가해자이고, 피해와 가해 속에서 서로의 심정적 인질이 되고 마는 딸과 엄마의 지리멸렬한 관계는 가부장제가 유지되는 비결 중 하나가 아닐까 한다. 한국에서의 출산은 어느새 이 구조가 가장 노골적으로 발현되는 케이스가 되어버렸다. 대부분의 유자녀 기혼 여성은 친정 엄마의 '황혼 육아'를 동원하지 않고는 커리어를 지속할 수 없다. 가계 수입이 줄거나 끊겨 경제적 취약 계층이 된 노년 여성에게 자식이 건네는 용돈은 요긴하다. 노년 여성과 청·중년 여성의 생존 조건이 맞물리면서 딸과 엄마는 다시 거리를 좁힌다. 딸은 엄마의 육아 방식이 마음에 차지 않고 엄마는 늙어 고생을 제대로 보상하지 않는 딸을 원망하지만, 이제 두 사람은 서로를 떠날 수도 없다. 들끓는 애증으로 유착되어 피해와 가해의 레이스를 연장하는 수밖에는.

독립이나 결혼이 벌려놓은 거리는 언제든지, 예상치 못한 순간에 훅 좁혀질 수 있다. 그래서 탈가정은 '집에서 떠남'만을 의미하지 않는다. 물리적 분리가 정서적 자립을 보장하지 않기 때문이다. 탈가정이란 부모가 침범할 수 없는 경계를 세우고 그들을 거부할 준비가 된 상태에 더 가까울 것이다. 단지의 상담가는 마지막 상담에서 엄마의 성격이 변하지 않을 거라면서도 "엄마와 새로운 관계를 형성해보라"고 제안한다. 단지는 이 제안이 내비치는 희망적인 미래를 거절한다. 스스로 선택한 시기에 스스로 선택한 방식으로 끝을 확인한 단지는 그 이전의 단지보다 훨씬 편안해 보인다. 작가에게 자아를 재건하는 터전이었던 「단지」는 매우 개인적인 프로젝트지만, 독자들 저마다의 역사와 공명하며 공동체적 경험으로 확장된다. 엄마와 왜 화해해야 하는지, 왜 화해할 수 없는지 반추하는 딸들에게 필요한 목소리다. "그래도 가족"이라는 말로 붙잡아지지 않는 존재가 될 수 있도록.

'코르셋' 밖으로

기맹기 「내 ID는 강남미인!」(2016~2017)
이연 「화장 지워주는 남자」(2018~)

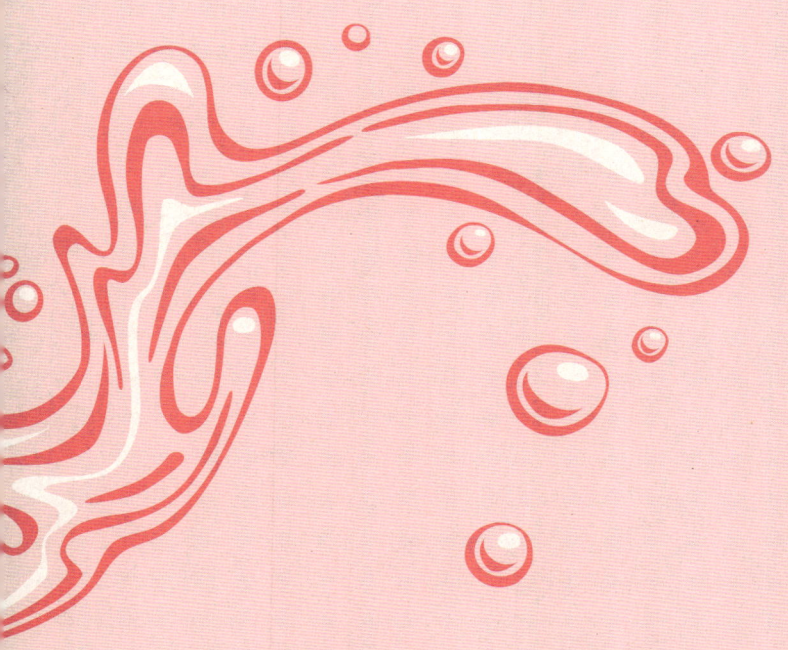

예쁜 여자가 그럴 리 없어

'쿵쾅쿵쾅. 그분들 오시는 소리 들린다.' 미소지니 이슈의 전운이 감지되는 게시물마다 주렁주렁 걸리는 흔한 댓글이다. 여성 페미니스트를 공격할 목적으로 고안된 언어들에는 공통적인 전략이 있다. 스크린 너머의 '육중한' 몸을 조롱하는 것이다. 여성 페미니스트는 안 봐도 '쿵쾅이'이고 '메퇘지'라는 결론이 도출되는 과정은 대략 이렇다.

(1) 예쁘고 날씬한 여자는 남자에게 사랑받는다.

(2) 남자에게 사랑받는 여자는 행복하다.

(3) 행복한 여자는 페미니즘을 지지할 이유가 없다.

(4) 그러므로 모든 페미니스트는 남자가 싫어하는 외양을 가졌다.

남자들은 틀린 전제들로 기운 논법으로, 진부한 메시지를 고장 난 라디오마냥 되풀이한다. "네가 못생겨서 그래.

네가 뚱뚱해서 그래. 그런 여자는 불행한 게 당연해."

우리는 "너 같은 건 줘도 안 봐" "누가 너를 건드려" 같은 모욕이 남성 집단의 자기변호로 공식화된 세계에 살고 있다. 못생겼거나, 뚱뚱하거나, 나이가 많은 여성의 성폭력 피해 고발은 '젊고 아름다운 여성'이라는 '피해자다움'의 조건에 의해 힘껏 부정된다. 그렇다면 남성의 욕망 기준을 통과한 여성에게는 무슨 일이 일어나는가? "네가 예뻐서 그런 거야"라는 '위로'가 분노를 누그러뜨리라 종용한다. 피해자는 사력을 다해 자신이 '꽃뱀'이 아님을 증명해야 한다. 온라인 남초 커뮤니티에는 피해 호소인이 문제삼은 바로 그 불법촬영물을 공유해달라는 댓글이 줄을 잇는다.

웹툰 「내 ID는 강남미인!」은 '견적 측정 불가'의 추녀 강미래가 대대적인 성형수술 후 대학에 입학한 시점에서 출발한다. 아동기에는 살만 빼면 괜찮아질 줄 알았다. 청소년기에는 한 군데만 고치면 될 줄 알았다. 결국 보급형 '강남미인'으로 거듭난 강미래는 아직도 누군가에겐 성형 '괴물'이다. 강미래 앞에 나타난 "총점 100점 슈퍼 레어 자연미인" 현수아는 공식대로면 사랑으로 충만해 티 없이 해맑은 여자여야 한다. 그러나 현수아는 행복하지 않다. 현수아는 '모태마름'을 연기하지만 그가 체중을 유지하는 진짜 비결은 '먹토'다. 친구도 없다. 그는 모든 여학우를 견제하고, '인조미인' 강미래라면 특히 눈엣가시로 여긴다. 이 작품이 특별한 것은 어딘가에 있을 법한 '그런 여자'를 단순히 오락적으로 묘사하는 데 그치지 않기 때문이다. 「내 ID는 강남미인!」은 현수아의 뒤틀린 가치관이 여성의 외모를 품평하고 줄 세우는 문화에서 기인했음을 밝혀내는 데까지 나아간다.

'욕망당하는 것'이 자신의 욕망이 아님을 깨달은 현수아는 학교를 떠난다. 짧게 자른 머리와 상냥한 미소가 사라진 얼굴은 남성의 욕망을 거부하는 제스처로 읽힌다. 현수아와 강미래는 점점 멀어진다. 원작의 드라마화와 함께 연재된 특별 외전 「내 ID는 강남미인!: 둘만의 시간」에서 강미래는 온갖 핑계로 남자친구(도경석)와의 여행을 미루고 있다. 섹스는 기대되지만, 맨얼굴과 살찐 몸이 창피해서다. 강미래가 수행해온 젠더 규범에 의문을 제기하며 강미래를 '코르셋' 밖으로 계도하는 주체는 도경석이다. 무엇보다 먼저 자기혐오를 넘어서야 하는 강미래는 현수아보다 더딘 것처럼 보인다. 말하자면 강미래보다는 현수아가 좀더 '메갈'이다.

"'쿵쾅이' 아닌 메갈도 있거든!" 같은 이야기를 하려는 것

출처 네이버 웹툰 「내 ID는 강남미인!」
작가 기맹기

이 아니다. '나의 몸은 그렇지 않다'고 방어하는 순간 여성은 남성 문화의 규범을 일단 수긍하는 오류에 빠지고 만다. 여성의 몸을 공격해 발화 내용의 유효성을 깎아내리려는 남자는 메갈리아의 도래 이전에도 발에 채이게 많았다. 그들은 '못생기고 뚱뚱한' 여성의 몸을 비정상으로 규정하여 그 몸의 경험도 정상성 바깥으로 밀어내려 한다(안티페미니즘 만화는 왜 그토록 심혈을 기울여 여성 페미니스트의 외양을 혐오스럽게 묘사하는가?). 여자들은 이 낡아빠진 무기의 야만성을 대체로 잘 인지하고 있다. 그럼에도 몸을 향한 모욕 앞에서는 반사적으로 위축된다. 여성의 몸은 어느 누가 불시에 검사해도 좋은 것이어야만 한다고 너무 오랫동안 배워왔기 때문이다.

사람들은 '예쁘거나 못생기거나'가 마치 여자의 인생 성패를 통째로 결정하는 유일한, 또는 가장 중대한 변수인양 떠들기를 좋아한다. 이 메신저들은 엄청나게 시끄럽고 지칠 줄 모르며 각기 다른 얼굴을 하고 어디에나 있다. 여자에게는 외모가 능력이고 경쟁력이고 권력이라는 메시지는 여성들 자신조차 그게 어느 정도 진실이라고 믿게 될 때까지 반복된다. 완벽하지 않은 몸을 여성 스스로 미완성이나 결함으로 인식할 때까지. 그 몸이 여성 스스로 토론장을 떠나게 만드는 급소가 될 때까지.

다시 「내 ID는 강남미인!」으로 돌아가보자. 현수아의 서사는 '추녀의 비참한 인생'과 '미녀의 완벽한 인생'이라는 이분법적 도식의 허구성을 들추어낸다. 여자들이 경험하는 억압은 생애주기를 가로지르는 삶의 조건들에 따라 가변적인 양태로 나타난다. 강미래는 어쨌든 성형수술을 통해 노골적인 혐오와 차별에서 어느 정도 탈출했다. 현수아는 드라마틱한 신분상승을 맛보게 해준 '외모 권력'을 신봉해왔지만, 성폭력에 노출되면서 세상에서 가장 예쁜 여자가 되는 것으로도 안전을 약속받을 수 없음을 알았다. 인생 곡선에 별다른 접점이 없는 두 사람의 속도는 다를 수밖에 없다. 그러나 두 사람을 고통받게 하는 근원은 동일하다. 여자라는 이유로 그들의 몸이 주시와 평가의 대상이 된다는 것.

우리는 서로의 거울이 되어

2000년대 이후 기하급수적으로 급증한 온라인 연예 매체 덕분에 우리는 여성의 신체를 더 구석구석 살펴볼 수 있게 되었다. 행사 현장에서 고화질 스냅으로 포착한 여성 연예인들의 몸에는 '무결점'이라거나 '굴욕'이라는 수식어가 붙었다. 명품 코, V라인, 일자 쇄골, 11자 복근, 명품 골반, 꿀벅지, 애플힙, 나노 발목 등 잘게 쪼갠 몸의 조각들이 뉴스 헤드라인에 진열되었다. 이상적인 몸이 특정한 형태를 갖춘 부위들의 콜라주로 인식되면서 미를 향한 노정은 더욱 험난해졌다. 여자들의 고민은 상비, 하퐁, 부유방, 승모근, 승마살, 엉밑살, 셀룰라이트 등 디테일한 영역으로 가지를 뻗었고, 모두가 거슬리는 근육이나 지방 덩어리만 부분적으로 감량하는 꿈을 꾸었다. 여성 신체의 파편화는 무엇을 의미하는가? 그 이상향이 실현될 가능성은 낮아지고, 현실의 몸을 감시하기는 수월해졌다는 것이다. 여성들은 여성의 육체를 더 꼼꼼히 혐오할 수 있게 되었다.

나는 때때로 턱을 깎고 싶다고 생각했지만, 어떤 친구는 나에게 "코만 고치면 예쁘겠다"고 했다. 어느 날 나는 친구가 '싸이월드'에 업로드한 우리의 사진에서 기이한 배려의 흔적을 발견했다. 얼굴을 깎고 눈을 키우는 포토샵 보정을 거친 내 모습은 예쁜 것도 같았고 조금 이상해 보이기도 했다. 나 역시 앉으면 퍼져 나오는 허벅지 살을 도려내고 싶었던 여학생 중 하나였지만, 내 허벅지에 타인의 시선을 집중

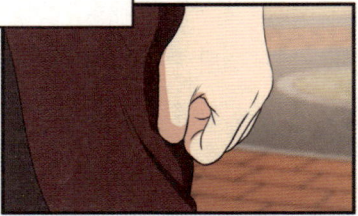

시키는 것이야말로 자폭 행위라고 생각했기 때문에 그 고민을 누구와도 공유할 수는 없었다. 이 내밀한 생각이, 나만이 아니라 한국 여학생들의 집단적 경험이었다는 사실을 알고는 꽤 놀랐다. 우리는 마치 의식이 연결된 존재들처럼 같은 생각에 사로잡혀 있었다. 스스로의 거울이 되고, 서로의 거울이 되어 같은 메시지를 되돌려 보냈다. '우리의 목표는 아직 달성되지 않았다'라는 메시지를. 러네이 엥겔른은 『거울 앞에서 너무 많은 시간을 보냈다』(Beauty Sick, 2017)에서 이 같은 심리적 기제를 '신체 감시' '신체 모니터링'이라고 불렀다.

대학에서 젠더심리학을 강의해온 러네이 엥겔른은 여성 일반을 관통하는 독특한 증상을 감지한다. 그들은 신체 모니터링에 과도한 리소스를 할당하느라 다른 과업에 전투적으로 몰두할 수가 없다. "여성이 무엇을 하고, 무엇을 말하고, 무엇이 될 수 있는지는 상관없이 여성의 외모에만 초점을 맞추는 문화"가 여성을 세계에 참여하기보다 세계에 보여지는(display) 존재로 길러내기 때문이다. 저자가 이 문제의식을 발전시켜 창안한 개념이자 책의 원제이기도 한 '뷰티 식(Beauty Sick/Beauty Sickness)'은 한국어판에서 "외모 강박"으로 번역되었지만, 기존의 외모 강박증보다 복잡한 문화심리학적 맥락을 내포한다. 그것은 여성에게서 나타나는 만성적인 질환이다. 사회가 여성에게 급선무로 부과한 '아름다워지기'라는 과제를 처리하느라, 다른 활동에 분배되었어야 할 인지적·경제적·신체적·정서적 자원을 이 한 가지 목표에 우선적으로 끌어다 쓰게 되는 병.

웹툰 「5kg을 위하여」의 주인공 홍오수는 야심차게 다이어트를 결심하고, 5kg 감량이라는 목표와 멀어질수록 예쁘고 날씬한 친구들에게 '열폭'한다. 웹툰 「좋아하는 부분」은 '뚱녀'이면서 '얼빠'인 소우주의 흑역사로 이야기를 연다. 자신이 미남과 어울리지 않는다고 생각하지만, 미남 사랑하기를 멈출 수도 없는 소우주는 모욕적인 대우를 자청해서라도 잘생긴 남자를 곁에 두려 한다. 「마스크걸」의 김모미는 밤이면 인터넷 방송의 '벗캠' 스타로 변신한다. 그에게는 누구도 원하지 않는 추녀 되기보다 익명 남자들의 '딸감' 되기가 행복해 보인다. 인용한 캐릭터들에는 조금씩 혐오스러운 성질이 있다. 보통 이런 유형은 독자에게 비윤리적인 가상의 인물을 꾸짖음으로써 도덕적 우위를 확보하는 즐거움을 제공한다. 그러나 홍오수를, 소우주를, 김모미를 욕하는 것이 여성 독자에게 상쾌하기만 한 활동인가? 그들은 아프고, 우리는 그 병의 정체를 너무도 잘 알고 있다.

작가 라미의 식이장애 경험을 투병기 형식으로 기록한 웹툰 「롱롱데이즈」의 사례는 좀더 현실적이고 지독하다. 아동기부터 '미용 체중'이 아니었던 라미는 집 안팎에서 돼지라고 불리며 자란다. 얼큰이, 무다리, 사각턱 등 평생을 따라다니는 부정적 보디토크는 종류도 가지가지다. 라미는 살을 빼면 모든 게 다 잘 되리라 믿는다. 일이 안 풀리는 것은 자신감이 없기 때문이고 자신감이 없는 것은 날씬하지 않기 때문이다. 그의 목표 체중은 45kg다. 엄격한 식사 조절과 혹독한 운동을 병행하며 다이어트에 성공한 적도 있었다. 그러나 '만들어낸' 몸무게를 유지하려 애쓰는 매일매일이 살얼음판 걷기처럼 조마조마하다. 라미는 불안감을 견디지 못한 나머지 손가락을 목구멍에 넣어 음식을 게워내본다. 그렇게 7년간의 식이장애가 시작되었다.

인간은 본능적으로 미를 추구한다지만, 우리는 미의 정의가 사회적으로 구성된다는 사실을 자주 잊는다. 우리의 눈은 변한다. 분명 1990년대에는 깡마르게 보였던 여성 연예인의 몸은 이제 적당한 미용 체중으로 보인다. 아름다운 몸의 기준은 유행에 따라 달라지고, 가까워졌나 싶으면 저만치 멀어진다. '예쁘면 삶이 변한다'는 기약 없는 미래와 필사적인 추격전을 벌이는 여성의 절망감은 너무 커서 자기 파괴적으로 재현된다. 「롱롱데이즈」의 라미에게 먹고 토하는 일은 단순히 음식을 내보내는 행위가 아니다. 가장 유혹적인 중독은 몸을 통제했다는 쾌감이다. 그는 먹고 토하기 위해 매일 만 원에서 삼만 원어치 장을 본다. 정신적으로 취약한 상태에 놓인 사람을 이용하려는 사기꾼은 어디에나 있다. 각종 종교 사상 수업과 사이비를 전전하는 라미에게는 낫고 싶은 열망조차 너무 비싸다. '먹토'조차 의지대로 되지 않던 어느 날, 변기를 붙잡고 있던 라미는 한참이나 화장실 안의 락스를 바라보며 갈등한다. 그는 죽는 것보다 살찌는 것이 더 두렵다고 느낀다.

  물론 세상에는 '건강한 다이어트'에 성공하는 여성도 있고, 미용과는 관계없이 자신의 몸을 사랑하는 여성도 있다. 그러나 「롱롱데이즈」를 극단적이고 특수한 사례로 분리시켜봐야 별 의미는 없다. 전 사회가 여성에게 몸을 통제하라는, 여자라면 그럴 수 있다는 메시지를 송출할 때 주어진 과업에 실패한 여성은 어떤 식으로든 자기를 벌하고 학대하기 때문이다. 반복적인 좌절의 경험은 가벼운 자기혐오로 나타날 수도 있고 생사를 가르는 병이 되기도 한다. 아름다워지라는 압력은 그래서 위험하다. 그것이 여성 개

개인에게 어떤 무게와 방향으로 작용할지 누구도 장담할 수 없으므로.

『거울 앞에서 너무 많은 시간을 보냈다』에는 자신의 몸이 싫어서 밖에 나가고 싶지 않은 여자들, '충분히' 아름답지만 여전히 불안해하는 여자들, 사회의 미적 기준을 비판하면서도 내심 선망하는 여자들이 등장한다. 다양한 맥락에 놓인 여성들과의 인터뷰를 줄기로 삼아 문화적 사례와 연구 결과를 엮은 이 책은 국내의 '탈코르셋' 운동과 맞물리면서 폭발적인 호응을 얻었다. 그간의 페미니스트들은 여성에게 요구되는 아름다움의 기준이 터무니없다고는 인지했어도, 여성이 투자해온 자원의 값어치를 계산하며 적극적인 청산에 나서지는 않았기 때문이다. 이 기회비용을 의식한 탈코르셋 운동은 자연스럽게 '꾸밈노동'의 파괴와 동기화되었다.

'탈코' 전쟁

한국 여성에게 꾸밈은 소비이자 노동인 기묘한 행위다. 그것은 좁은 의미에서는 여성 노동자에게 차별적으로 부과

되는 업무라는 점에서, 넓은 의미에서는 '여성이라면 응당 계발해야 할' 신체 자본을 생산하는 활동이라는 점에서 노동이다. 그러나 꾸밈에는 돈이 든다. 긴 머리가 충분히 아름다우려면 전문적인 케어와 스타일링이 필요하다. 메이크업 기술을 익히고 나에게 어울리는 색조를 찾는 시행착오의 비용은 눈에 보이지 않는다. 이것도 모자라 각종 시술, 체모 관리, 네일 관리, 피부 관리가 옵션으로 추가된다.

'여자에게는 화장한 얼굴이 예의'라는 핀잔은 우스갯소리를 가장해 꾸밈의 하한선을 설정해왔다. 오늘날에 와서는 'TPO'가 현대 시민의 교양인 것처럼 이야기되지만, 어차피 여성의 꾸미지 않은 상태는 어떤 시간(Time)과 장소(Place)와 상황(Occasion)에도 어울리지 않는다. 여성은 공적인 장소에 출현하려면 꾸며야 하고, 꾸밈에 투자되는 유·무형의 자원은 여성의 사적 영역에서 충당되어야 한다. 심각한 임금 차별뿐만 아니라 핑크 택스$^{pink\,tax}$[1]가 여자들의 지갑을 노리는 사회에서 이는 얼마나 얼토당토않은 모순인가. 성찰할수록 커지던 분노는 실천적인 액션으로 이행했다.

2018년 초, 익명의 10대 여성 페미니스트가 트위터에 한 장의 사진을 업로드한다. 프레임은 부수고 뭉갠 메이크업 제품으로 빼곡히 채워져 있었다. 망가진 제품 이미지는 적잖은 시각적 충격을 주었다. 우리 모두는 그것이 돈임을 알고 있다. 그럼에도 화장품을 다른 여성에게 되팔거나 양도하는 대신 회복 불능의 쓰레기로 만드는 행위는 꾸밈의 고리를 끊겠다는 의지의 표현이었다. '#탈코르셋인증' 해시태그로 연결된 '탈코 전시'는 이 이미지의 파괴력에 힘입어 순식간에 센세이션을 불러일으켰다. 점점 더 많은 페미니스트가 화장품을 부수고, 머리를 밀고, 여성복을 가위로 자르며 탈코르셋의 해방감을 '간증'했다.

『거울 앞에서 너무 많은 시간을 보냈다』에 감화를 받은 시기의 탈코르셋 담론은 경제성과 실용성에 초점을 맞추고 있었다. 그 논리는 제법 빈틈없어 보였지만, 탈코르셋을 독려하고 꾸밈을 배격하는 분위기가 고조되면서 페미니즘 진영은 극심한 갈등의 국면으로 진입한다. 탈코르셋 운동 이전의 주류 페미니즘 담론은 줄곧 '꾸밀 자유'에서 해방을 찾아왔기 때문이다. 당시 트위터를 강타한 "이렇게 입으면 기분이 조크든요" 같은 캐치프레이즈의 유행은 당시의 분위기를 증명한다. 나이, 몸, 신분에 맞게 꾸미라는 사회적 규범에서 벗어나 누구나 원하는 대로 꾸밀 수 있어야 한다는 주장은 대체로 호응을 얻고 있었다. 여성이 무엇을 하건 성적 대상화를 거부한다는 선언만으로도 충분한 연대였다.

이 평화롭고 희망적인 꾸밈 담론에 탈코르셋이라는 폭탄이 떨어진 것이다.

꾸밈 비용을 아껴 생산성을 높이자는 탈코르셋의 비전을 둘러싼 접전은 팽팽했다. 첫째로 서비스직, 뷰티 산업 종사자, 연예인처럼 생업이 꾸밈 행위와 직결된 여성 노동자 직군이 너무 많았다. 탈코르셋이 페미니스트의 기본 소양으로 상정된다면 일부 여성은 이념과 현실 가운데 양자택일을 해야 하는 딜레마에 빠지게 될 것이었다. 둘째로 연령, 소득, 성장 배경, 성향에 따른 꾸밈 경험이 천차만별이었다. 꾸밈 압력으로부터 비교적 자유로운 환경에서 자라난 여성들은 탈코르셋에서 사적 해방감을 느낄 수 없다고 주장했고, 성실하고 정숙한 학생이기를 강요당했던 세대의 여성들은 꾸밈을 마음껏 누리는 것이 해방이라고 주장했다. 탈코르셋 운동은 여성의 자유를 제한하는 또다른 억압이라는 비판에 공감하는 이들도 적지 않았다.

학자이자 교육자인 러네이 엥겔른의 직업적 배경을 생각하면 초기의 탈코르셋 운동이 왜 다소 자기계발서적으로 전개되었는지 이해할 수 있다. 그는 여학생들이 아름다움보다 더 소중한 인생의 가치들에 주목하기를 바랐다. 그러나 이 같은 태도가 거칠게 재생산될수록 탈코르셋 운동은 기성세대의 꾸밈 행위 멸시("쓸데없는 짓 말고 공부나 해!")와 다르지 않다는 오해를 받게 되었다. '꾸밀 자유'와 '꾸미지 않을 자유'가 격렬하게 대치하는 가운데 지엽적인 반박에 반박이 쌓이면서 탈코르셋 논쟁은 이기기 위해 싸우는 각축장이 된 것처럼 보인다. 그럴 때일수록 사건의 원점으로 돌아가보자. 화장품 부수기에 동참한 여성의 다수가 청소년이었다는 사실을 상기할 필요가 있다.

'성괴' 가고 '금손' 왔다

웹툰 「여신강림」의 임주경은 고등학교 입학을 앞두고 저금통을 깬다. 못생긴 외모 때문에 우정도 사랑도 쌓을 수 없던 '찐따' 시절의 암흑기를 청산하기 위해서다. 그는 온라인 여초 커뮤니티 익명 친구들의 가이드에 힘입어 드럭스토어 원정에 나선다. 겨울 방학 내내 뷰티 블로그와 메이크업 잡지를 탐독하며 맹연습한 보람이 있다. 자타공인 '여신'으로 변신한 임주경의 삶에는 마술처럼 꽃길이 펼쳐진다. 모두가 나서서 임주경에게 호감을 표현하고, 소셜미디어에 올린 셀피에는 수천 개의 '좋아요'가 찍힌다. 사람들의 시선을 제법 즐길 만큼 '여신 생활'에 익숙해진 임주경은 순탄히 고교 생활을 마무리하려 한다. 싸가지없기로 소문난 전학생 이수호에게 '자연인' 임주경과 '화장발 여신' 임주경의 이중생활을 발각당하기 전까지는.

「여신강림」은 연재 시작과 거의 동시에 여성주의적 진보에 반동하는 '백래시'라는 평을 받았다. 뷰티 식으로 피폐해진 여성의 내면을 포착한 「내 ID는 강남미인!」과 「마스크걸」이 같은 웹툰 플랫폼에서 호평을 받은 이후이자 탈코르셋 운동이 막 끓어오르던 차였기에 정황상 의심을 살 만했다. 어쨌거나 「여신강림」은 순식간에 인기 작품 순위 상위권에 안착했고, 정석 미남 이수호와 임주경이 서로를 알아가는 가운데 스타일리시한 미남 한서준을 서브남으로 투입하면서 굳히기에 들어간다. 웹툰 「외모지상주의」처럼 외모지상주의를 재생산하는 단계에 머물러버렸으니, 윤리적으로 뒤떨어진 작품이라는 비판은 타당하다. 그러나 바로 그 허심탄회한 태도로 인해, 「여신강림」은 여성 청소년 꾸밈 문화의 현주소를 진단해볼 사료가 된다.

「여신강림」은 기본적으로 로맨스 만화의 클리셰에 충실하다. 여주인공의 변신은 환상적이며 남주인공의 아름다운 외양은 짜릿하다. 여성 독자의 낭만을 자극하는 이 고전적 장치들은 그 자체로 불균형을 내포한다. 남주인공은 늘 타고난 미남이지만, 원석을 갈고닦아 '미녀'로 다시 태어나는 여주인공의 메이크오버 쇼는 점점 복잡하게 진화해왔기 때문이다. 한때 여주인공은 도수 높은 안경을 벗는 것만으로도 안경 뒤에 '감춰진' 아름다움을 뽐낼 수 있었다. 재벌 2세 남주인공의 손에 이끌려 비싸고 예쁜 옷으로 갈아입는 연출도 꽤 효과가 좋았다. 그러나 이제 와서 이런 단순한 수법에 속아넘어가는 여성 독자는 거의 없다. 여주인공들은 '비만인은 긁지 않은 복권'이라는 구호가 유행하자 다이어트를 시작했고, '긁지 않은 복권이 다 당첨 복권은 아니'라는 자조가 확산되자 성형수술을 고려했다.

그러나 이 단계에 이르면 만화 속 메이크오버 쇼는 다소 주춤하는 경향을 보인다. 한국 사회에서 성형한 여자는 줄곧 부도덕하다는 비난을 받아왔기 때문이다. 「마스크걸」의 김모미나 「내 ID는 강남미인!」의 강미래는 성형미인을 격렬하게 조롱하는 사회 풍토를 누구보다 잘 알지만, 달리 방법이 없어 그 성형미인이라도 되길 열망하는 여자였다. 이들의 비극은 길고 긴 메이크오버 쇼의 계보에 마침내 찍힌 종지부처럼 보이기도 했다. 그 순간, 희망을 포기하지 말라는 듯 임주경이 이어달리기를 시작한 것이다. 「여신강림」은

화장지워주는 男子
남자

출처 네이버 웹툰 「화장 지워주는 남자」
작가 이연

여자가 '괴물'이 되지 않고도 얼굴을 '치료'할 수 있게 된 시대, 말하자면 후기-강남미인 시대의 이야기다.

맨얼굴과 화장한 얼굴이 극단적으로 차이나는 미녀가 로맨스 웹툰의 히로인이라는 점이 새로울 뿐, 임주경은 청소년·청년 세대 여성 독자에게 꽤 친근한 인물형이었다. 여성 독자는 어떻게 「여신강림」의 변신 스토리에 그토록 빠르게 이입했는가? 임주경의 탄생 배경을 추적하려면 시간을 조금 돌려야 한다. 여성 네티즌들이 온라인 뷰티 정보 카페를 거점으로 군집하던 2000년대 초중반으로 돌아가보자. '쌍코' '쭉빵까페' '파우더룸' 등 성형, 다이어트, 화장, 패션을 주제로 개설된 온라인 카페들이 대표적인 다목적 여초 커뮤니티로 자리잡던 시기다.

비슷한 시기 오프라인에서는 '미샤' '더페이스샵'의 성공으로 로드숍 코스메틱 브랜드가 창궐하고 있었다. 청소년도 감당할 수 있는 가격 경쟁력을 갖추면서 코스메틱은 취미로서 문턱을 낮춘다. 여초 커뮤니티를 중심으로 유행한 화장품 소분, 공동 구매와 발색 후기는 본격적인 '화장품 덕질'의 시작을 알리는 신호탄이었다. '코덕(코스메틱 덕후)'을 자칭하는 신부류의 마니아들이 대거 출현했다. 그리고 이 열기 속에 드디어 '금손' 뷰티 유튜버들이 등장한다. 없는 쌍꺼풀을 만들어내고, 칼 대신 붓으로 코를 보정하고, 눈매와 골격을 자유자재로 변화시키는 그들의 메이크업 기술은 셀러브리티의 얼굴까지도 모사하는 경지에 이르러 있었다. 뷰티 유튜버는 여성들의 새로운 스타가 되었다.

K-코스메틱이 한류 수출 품목으로 위용을 떨칠 만큼 발달하기까지 대략 10년이 걸렸다. 청소년 브랜드의 백탁 크림과 보습용 유색 립밤을 바르던 여학생들이 색조 메이크업 제품을 챙겨 다니기까지도 딱 그 정도의 시간이 걸렸다. 이 쾌속에는 지난 세대의 책임이 있다고 느낀다. 「여신강림」 2화에는 이제 갓 코스메틱에 입문한 임주경이 '컴싸 아이라인'과 누런 목에 대비되는 하얀 얼굴, 새빨간 틴트로 전교적인 망신을 당하는 장면이 나온다. 실제로 몇 년 전만 해도 10대 여학생들의 화장법은 그런 수준에 머물러 있었다. 어른들이 나서서 서툴고 촌스럽다며 신나게 비웃어준 덕분에, 여성-청소년 문화는 더욱 신속하게 성인 문화를 따라잡았다. 하이틴 소재 만화에 등장하는 '꾸밈'에 관한 장면들과 그 의미는 이제 예전의 메이크오버 쇼와는 다른 차원의 것이 되었다. 「여신강림」의 임주경은 메이크업을 시작한 뒤 왕따에서 탈출한다. 또한 임주경은 외모 때문에 노래 실력을 인정받지 못하는 뮤지컬 배우 지망생 한

고운에게 어울리는 메이크업 스타일을 찾아주어 '무쌍여신'으로 다시 태어나게 한다. 「여신강림」뿐일까? 「소녀의 세계」 첫 화에서 다이어트로 '인생 최저' 몸무게를 찍고, 난생처음 단발 펌도 한 주인공 오나리는 '훈녀' 소리를 들을지도 모른다는 기대에 부풀어 고등학교에 진학한다. 「공복의 저녁식사」의 공복희는 전학을 앞두고 꾸미는 법을 배운다. 덕분에 그는 새로운 무리에 무난하게 안착하지만, 자신의 과거 모습을 닮은 동급생 '만두'와는 거리를 두고 싶다. 여성 청소년에게 '새로운 몸'은 이너서클에 진입하는 관문이 되어가고 있는 것이다.

근래의 웹툰 속 교실 풍경은 집안도 좋고 얼굴도 예쁘고 공부도 잘하는 인사이더와 얼굴도 성격도 성적도 별로인 오타쿠-아웃사이더를 양극으로 하여 서열화되어 있다. 이 같은 묘사는 징후적이다. 소외되는 것이 가장 큰 공포인 청소년 집단에서 꾸밈은 점점 더 거부할 수 없는 조류가 되어가고 있는 듯이 보인다. 또래에게 인정받는 기쁨 속에 자발적 욕망과 피어 프레셔peer pressure2는 끈끈하게 유착된다. '꾸밀 권리'가 청소년권과 혼동되어 청소년의 자유를 억압하지 말라는 윤리적 구호로 상승하는 동안 예뻐지고 싶은 욕망은 점점 더 아래로 낙수된다. 이제 우리는 장난감

판매대에서 유아용 화장품을 구매하고 키즈카페에서 뷰티 살롱을 체험한 여자아이들이 자라나기를 기다리고 있다. 이들은 적어도 한동안은, 예뻐지는 것을 더욱 강렬하게 사랑할 것이다. 그리고 그 욕망이 그들을 얼마나 아프게 할지는 아무도 모른다.

탈코르셋 시대의 웹툰

실용주의적 관점에서 합의를 이끌어내지 못한 탈코르셋 담론은 결국 원초적 질문으로 회귀한다. 여성성은 누가 규정하는가? 여자다움에는 왜 별도의 공정이 요구되는가? 자외선에 노출된 흔적 없이 말끔하게 하얀 피부, 절식으로만 달성할 수 있는 미용 체중, 땀 흘리고 뛰어다니는 것을 포기하게 만드는 착장이 볼 만하게 여겨지는 사회에서 여성의 몸은 무엇이 되어가고 있는가? 점점 더 저항할 수 없는, 위협적이지 않은, 보호가 필요한, 언제든 함락될 수 있는 요새가 되어가고 있지는 않은가?

사회문화적 코드가 교묘하게 작동하는 어른들의 놀이터에서 빠져나와 연령대를 내릴수록 우리는 좀더 거리를 두고 현상을 관찰할 수 있다. 어차피 여자들은 태어난 순간부터 꽤나 품을 들인 가상의 여성을 관찰하도록 독려받는다. 다수의 유아동 대상 콘텐츠에서 화려한 헤어, 리본, 치마, 말려 올라간 속눈썹, 색조 화장 등 꾸밈 요소를 이미 여성의 '징표'로 택하고 있기 때문이다. 꾸민 쪽이 여자라는 원칙을 준수하는 이들의 일사불란함은 오싹할 정도다. 동물도, 교통수단도, 로봇도, 괴물도 예외는 없다! 이 규칙의 가장 큰 문제점은 여성의 외양에 장식적 요소를 첨가해 여성을 남성으로부터 구별해낸다는 것이다. 따라 그리기조차 쉽지 않은 여성 캐릭터에 비하면 남성 캐릭터 디자인은 놀랍도록 직관적이며 단순하다. 그렇게 여성 캐릭터는 남성에게 기본형을 양보한다.

시청 경험을 통해 데이터를 축적한 아이들은 두세 살만 되어도 립스틱을 바른 쪽을 엄마(여성)로 분류할 수 있다. 가장 가까이서 접하는 여성(엄마)의 모습이 실제로 어떤가는 젠더 스테레오타입 형성에 거의 영향을 미치지 못한다. 그것은 시각 언어의 '약속'이기 때문이다. 타고 났건 꾸민 것이건 여성 쪽이 좀더 미적인 존재라는 조기 교육의 효과는 양방향으로 분화된다. 여아는 '이렇게 되고 싶다'고 생각하고, 남아는 '이런 것이 여자'라고 생각하도록. 이 오래

되고 굳건한 관념 속을 통과하며, 자라는 동안 이를 계속 학습해가는 여성이 꾸밈 욕망으로부터 순수한 자발성만을 추출해내는 것은 불가능해 보인다.

결국 탈코르셋 운동의 지향점이 인위적으로 구성된 성역할의 해체라고 할 때, 탈코르셋을 수행하는 몸 하나하나는 이 '약속'의 허위성을 고발하는 반례가 된다. 존재해도 존재하지 않는 것처럼 가려져온, 예쁘지 않고, 거대하고, 강력하고, 편안한 여성의 몸이 미디어에 더 많이 노출되어야 한다는 요구로 웹툰 역시 새로운 도전 과제에 봉착했다. 일부 창작자들은 관습적인 여성 캐릭터 디자인에서 탈피하기 시작했고, 성별 반전 세계관으로 꾸밈의 불균형을 꼬집는 웹툰을 심심찮게 볼 수 있게 되었다(「참한 남자」, 「나는 남 너는 녀」). 네이버 웹툰 대학만화 최강자전 「달리는 노루발처럼」의 약진과 단행본 출간을 목표로 크라우드 펀딩을 진행한 독립 웹툰 「탈코일기」의 모금액 2억 원 돌파는 탈코르셋 운동을 향한 관심과 공감의 크기를 보여준다.

「여신강림」보다 약 한 달 늦게, 네이버 웹툰에서는 흥미롭게도 정반대의 노선을 택한 웹툰이 공개되었다. 「화장 지워주는 남자」(이하 「화지남」)의 주인공은 꾸며본 적도 꾸밈에 소질도 없는 대학생 김예슬이다. 대학 진학만 바라보다 어른이 된 그에게 세상 돌아가는 풍경은 갑작스럽다. 예쁘고 잘난 사람들과 비교당하며 뒤늦게 남들만큼이라도 꾸며보고 싶어진 그는 메이크업 숍을 찾지만, 전문가의 손길도 그를 구제하지는 못한다. 화장은 망했고 실수로 들어간 남자 화장실에서는 직원들의 '얼평'이 한창이다. 인생사 새옹지마, 울분을 터뜨리며 화장실 칸을 뛰쳐나온 그는 떠나고 없는 남자 직원들 대신 천재 메이크업 아티스트와 조우한다. 메이크업 서바이벌 쇼 '페이스 오프 신데렐라' 방송 출연을 앞두고 밋밋하고 평범한 얼굴 모델을 찾고 있던 천유성이다. 김예슬을 다시없을 적임자로 지목한 그는 김예슬 영입에 성공한다.

'금손' 시대의 메이크오버 쇼라는 점에서 「여신강림」과 동시대성을 공유하는 「화지남」은 같은 소재를 정면으로 비판한다. 방송을 계기로 김예슬과 엮이게 되는 여성 인물들은 소위 외모 권력 피라미드의 각 층에 일어난 균열의 표본 같다. 주희원은 김예슬의 대학 동문이자 소셜미디어의 뷰티 셀러브리티, '페이스 오프 신데렐라'의 강력한 우승 후보다. 그는 외모 권력의 모순을 실감하면서도 외면하는 교착 상태에 빠져 있다. 주희원의 카피캣으로 유명세를 얻은 '2등 미인' 주리사도 서바이벌 쇼에 출연하기로 했다. 그는 다수가 인정하는 아름다움의 기준 속에 들어갈 때 안정감을 느끼기 때문에 주희원을 따라 한다. '페이스 오프 신데렐라'의 한 방송 스태프는 동창회에서 달라진 모습을 보여주고 싶어서 김예슬과 천유성에게 접근한다. 메이크오버 지원을 받아 몰라보게 달라지긴 했지만, "이제 살만 빼면 여신각"이라는 동창의 코멘트는 그가 결국은 꾸며봐야 '살찐 여자'라는 평가를 벗어날 수 없음을 확인시킨다. '페이스 오프 신데렐라'의 참가자 가운데는 과체중 여성 모델도 있다. 한때 미용 체중이었던 연누리는 현재 그의 모습이 프로페셔널하지 않다며 괄시하는 주희원에게 "다른 사람들도 '당신처럼' 했으면 좋겠어요?"라고 묻는다. 그것은 '남에게 예뻐 보이기 위해서라면 어떤 고통도 감수하는 삶이 정말 좋은가'라는 행복의 감각에 대한 질문이자, '그러한 삶을 그저 아름답게 전시함으로써 다른 여자들을 매혹시키는 일이 과연 옳은가'라는 윤리에 관한 질문으로 들린다.

방향성이 확정되지 않은 상태로 코스메틱 산업의 최전방에 내세워진 김예슬은 때로는 주체가 되어, 때로는 관찰자가 되어 꾸밈의 생태계를 체험한다. 그는 코스메틱 문화에 문외한인 덕분에 천유성에게 자꾸만 '왜'를 따져 묻고, 정형화된 발상을 건너뛰는 기발함으로 토너먼트에서 생존한다.

「화장 지워주는 남자」 24화 중에서

만화 독자에게는 꽤 익숙할 「화지남」의 경연물 구조는 양날의 검이다. 김예슬은 '페이스 오프 신데렐라' 제작진이 결정한 메이크업 테마의 해법을 찾아나가는 과정에서 탈코르셋 운동을 둘러싼 논쟁거리를 직설적으로 짚어낸다. 그러나 서바이벌 쇼가 서사의 중심을 지탱하는 한 김예슬은 무대에서 살아남아야만 한다. 그는 비전형적인 미감으로 심사위원과 시청자를 감동시키려 하지만, 그럼에도 반복적으로 제공되는 변신의 쾌감과 그 과정에서 길잡이처럼 끼어드는 코스메틱 정보는 「화지남」을 메이크오버 쇼의 룰 안으로 복귀시킨다.

K-페미니즘 웨이브를 적극적으로 흡수한 이상, 「화지남」은 감점 요소 없이 이 궁지를 통과하리라는 기대를 받을 수밖에 없다. 작가 역시 극 창작의 어떤 요소가 페미니스트들의 비판대에 오르는지 명확히 인지하고 있는 것 같다. '여적여' 구도, '유니콘' 남주인공과의 로맨스, 남성 구원 서사의 혐의를 하나씩 격파하면서 앞으로 나아가는 여정은 지뢰 제거 작업처럼 위태롭게 보이기도 한다. 그러나 주희원 스스로도 자신이 주리사와 같은 공장 레일 위에서 출고되는 바비 인형이라고 느낄 때, 이 웹툰은 가장 핵심적인 메시지를 이미 전달했다. 우리는 이 레일 위에서 누

구와 싸우고 있는 것일까? 사실 그 '바비 인형'을 구매하는 소비자에게는 주희원이건 주리사건 근본적으로는 같은 '제품군'이지 않을까? 우리는 이 꾸밈이 순수한 나의 욕망인가를 회의하며 최선을 다해 답을 찾아가야만 한다. 그것이 '화장발 여신이 강림하는' 드라마와 '화장을 지우는' 드라마가 공존하는 시대의 목격자인 여성이 방어해야 할 최소한의 윤리적 태도일 것이다.

주

1 여성 전용을 표방하며 기존 제품보다 높은 가격을 책정하는 마케팅 관행을 일컫는 용어. 동일한 상품을 핑크색으로 디자인해 가격을 올린 사례들로부터 문제의식이 촉발되어 이를 '핑크' 세금이라고 부르기 시작했다. 대표적인 제품군은 여성용 면도기지만, 동일한 가격에 남성복보다 떨어지는 소재와 마감으로 제작되는 여성복이나, 여남 커트 비용을 차별하는 미용 시장의 문제도 포괄할 수 있는 개념이다.

2 대체로 아동–청소년기 사회 구성원에게 강력한 영향을 끼치는 '또래 압력'. 또래문화에서 소외되지 않기 위해, 혹은 또래문화에 정착한 하위 문화를 향유하기 위해, 다종다양한 동기로 같은 집단 내 사회 구성원의 행동을 자발적·비자발적으로 압박하는 환경을 일컫는다.

비혼의 조건

호올 「슬픔의 미학」(2017~2018)
김정연 「혼자를 기르는 법」(2015~2018)

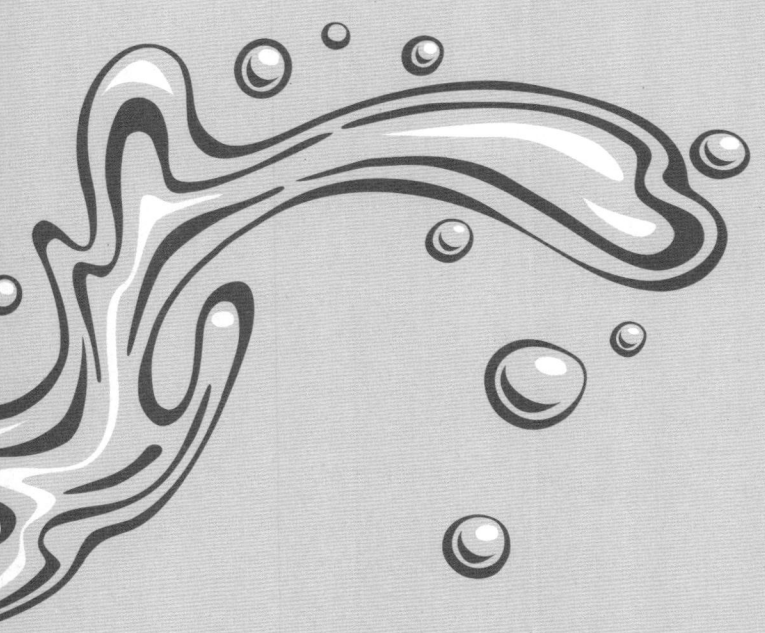

*이 글에는 「슬픔의 미학」의 내용 누설이 있습니다.

여자 시장

'사랑이 필요한 여자들'. 대중매체에서 표본으로 선택한 30대 싱글 여성의 모습은 그랬다. 「올드미스 다이어리」(2004~2005), 「내 이름은 김삼순」(2005), 「막돼먹은 영애씨」(2007~2018), 「달콤한 나의 도시」(2008), 「마녀의 연애」(2017) 등 드라마에서 묘사하는 여주인공의 '노처녀성'은 개성이자 약점이었다. 뜻밖의 연애 실패로 결혼의 '골든 타임'을 놓친, 안 팔리는 여자라는 꼬리표가 창피한, 어떤 풍요로도 채워지지 않는 허기에 시달리는 그 여자들은 때로는 익살로, 때로는 설움으로 시청자를 웃기고 울렸다.

로맨틱 코미디 드라마가 이 여자들에게 하사한 금동아줄은 대체로 '연하남'의 얼굴을 하고 있었다. 헌칠하게 젊은 남자는 노처녀 신분에 어쩐지 과분해 보였다. 시청자는 주인공이 노처녀 인생에 '다시 없을' 기회를 보란듯이 붙잡아

괄시를 설욕하길 응원했다. 이것이 스물다섯을 넘긴 여자는 유통기한 지난 크리스마스 케이크, 서른을 찍은 여자는 상장 폐지된 주식('상폐녀')이라는 수사가 생산되는 사회에서 '혼기'를 넘긴 여성에게 베풀 수 있는 최상의 '선의'였으리라.

정도의 차이는 있지만 여자는 '팔리는' 존재라는 관념은 그때나 지금이나 유효하다. 이 시장통에서 사람들은 쓸수록 닳는 물건이라도 되는 것처럼 감가상각을 적용해가며 여자의 가격을 책정하곤 한다. 교환 가치가 있는 상품으로 물화된 여성의 젊음은 20대 초반에 최고가를 경신하고 일제히 '꺾이기' 시작한다. 여성의 교육 수준이 향상되고 사회 진출이 증가해 결혼 평균 연령이 늦춰져도 이 '가장 예쁜 여자 나이'란 것은 꿈쩍하지 않는다. 젊음이라는 프리미엄이 조금이라도 붙어 있을 때 값을 얹어주겠다며 여자들을 부추기는 소리는 실로 야단스러웠다. 노처녀는 이 같은 흥정의 가능성이 거의 없기에 처치 곤란 재고품 취급을 받는다. 노처녀가 스스로를 무엇으로 규정하건, 결혼 시장의 장사꾼들은 그를 제값에 팔지 못해 몸져누울 지경이었다.

'하자 상품'의 하자 요인을 검출해내려는 집요한 시도는 '노처녀 히스테리'라는 스테레오타입으로 수렴했다. 노처녀는 결함이 있기 때문에 결혼하지 못한 여자이고, 결혼을 못한 여자라서 더 제정신이 아니게 된다. 신경질적인, 불안한, 결핍된, 괴팍한, 고약한 노처녀의 이미지를 대중매체가 주도적으로 재생산하면서 노처녀를 관찰하는 '정상인'들의 확증편향은 강화되었다. 비혼 여성의 인격적 결함이 유성애적 욕구불만에 근거한다고 진단할 때만큼은 누구나 분석가가 된 기분을 즐길 수 있었다. 그리고 그들이 내리는 처방은 늘 같았다. 마음의 병도 고치는 만병통치약으로서의 남자!

2017년 2월 "여성의 하향선택 결혼이 이루어지지 않는 사회 관습 또는 규범을 바꿀 수 있는 문화적 콘텐츠 개발"을 저출생 대책으로 제안했던 보건사회연구원의 발표[1]는 그 이후로 무수한 인용을 거치며 무기한 조리돌림 형벌을 받게 되었다. 애국심으로 출산도 할 수 있던 기성세대의 가치관을 "무해"하게 포장해 청년 세대의 무의식에 "은밀하게" 침투시키려던 "음모"를 실토해버린 해당 문서는 노처녀가 되길 선택할 가능성이 가장 높은 집단을 조준하고 있었다. 고학력·고소득 비혼 여성이다. 연구자들은 가장 아쉬울 것 없는 여자들이 자진해 결혼 시장에 나와 헐값에 판매되는 날이 오기를 기대하고 있었다. 심지어 다음 세대 여성의 교육 수준을 내리자고도 제안했다. 오로지 남성이 감

출처 저스툰 「슬픔의 미학」
작가 호올

당할 수 있는 가격 상한선을 맞춰주기 위해서 말이다.

사회 구성원의 인식을 변화시키는 문화 콘텐츠 기획을 꿈꾸던 해당 연구는 여성의 매스미디어 불신을 증폭시켰다. 이 "백색 음모"가 중년 남자 연구원 몇 명의 괴이한 발상이라기엔 한국 로맨스 드라마의 동향이 실제로도 미심쩍었던 것이다. 때맞춰 들려온 「미스터 션샤인」(2018)과 「나의 아저씨」(2018)의 '나이차 극복' 캐스팅 소식은 분노한 여성들의 심증을 굳혔다. 중년 남성–청년 여성 주연극은 주 시청자층의 지속적인 불호 표현과 비판에도 꿋꿋이 강매되어온 대표적 문화상품이었던 까닭이다. 여성의 요구에 적극적으로 반하는 콘텐츠를 바로 그 여성에게 열성적으로 판촉하는 시장의 배후자는 누구인가?

보건사회연구원의 저출생 연구에 단 한 가지 의미가 있다면, 대중문화 콘텐츠가 기성세대 및 국가의 선전 의도와 절대 무관하다고 장담할 수 없는 시대를 열었다는 점이다. 비혼 여성의 수많은 고민 가운데서도 연애와 결혼에 스포트라이트를 비추고, 비혼 여성의 삶을 좌절된 욕망의 말로로 취급했던 그간의 노처녀–로맨스 드라마는 국가의 재생산 프로파간다로 활약해왔다. 드라마 속 노처녀 주인공이 거머쥐는 사랑의 기쁨은 마침내 '보통 여자'가 된 기쁨이다. 그는 평생의 파트너를 찾았고 그것이 보장할 결혼은 뒤따라올 출산을 암시한다. 결혼-출산-육아를 필수 코스로 끼워넣은 인생 곡선을 따라 그림으로써 정상 여성의 궤도에 진입하는 즐거움, 그 즐거움의 이면에서 노처녀는 그저 극복해야 할 상태로만 남겨져 있다.

박근혜 재임 당시 그를 '여성' 대통령으로 인정할 수 없다던 반정부파 국민 여론을 기억한다. 수많은 결격사유 가운데 하나는 '결출육' 경험의 부재였다. '결출육'을 모르는 중년 여성은 '여자의 진정한 고충'을 이해하지 못하고, 그러므로 여성 일반을 대변하기엔 역부족이라는 것이었다. 이 같은 주장은 당시 대중 일반이 상상하는 여성의 정상성 범주가 어느 정도로 편협했는지 보여준다. 비출산 및 비혼을 택한 여성을 '보통 여자' 그룹에서 손쉽게 분리해봐야, 여성이 수집할 수 있는 인생 경로 모델이 줄어들 뿐이라는 사실에 여자들조차 주목하지 않던 시절이었다. 그런 인식 속에서 비혼은 누구도 가지 않은 길인 것처럼 은폐되곤 한다. 비혼을 희망하는 여성조차 비혼 이후의 삶을 가늠할 수 없도록. 재생산을 강제하는 시스템의 압력에 비하면 개인의 저항력은 너무도 작고 하찮게 보여서 여성들 모두가 혼자라고 느끼도록.

미혼 말고 비혼

한국어에는 결혼한 상태와 결혼하지 않은 상태를 중립적으로 표현하는 체계가 없다. 공적인 장소에서 가장 널리 사용되는 '기혼'과 '미혼'이라는 대립항은 인간을 '이미' 결혼했거나 '아직' 결혼하지 않은 것으로 양분한다. '완료'와 '미완'이라는 상태 규범은 '결혼할 가능성이 있는' 인구에 결혼이라는 미래를 강제로 열어놓는다. 우리가 남성 배우자 없이 아이를 낳아 기르는 여자를 흔히 '미혼모'라고 부를 때, 그는 기혼이었어야 마땅했고 앞으로 그렇게 되어야 할 과도기적 존재로 평가된다. '결혼 경력'이 있지만, 지금은 기혼 신분이 아닌 여성은 기혼과 미혼만이 양자택일로 주어진 서류에서 갈 곳을 찾을 수 없다.[2] 완전한 미혼도, 완전한 기혼도 아닌 사회 구성원이 '정상 범주'에 소속될 수 있는 방법은 하나뿐이다. 결혼을 선택하는 것.

1990년대 영페미 붐을 타고 주창되었던 비혼[3]은 페미니즘 리부트 이후 다시금 언어로서의 생명력을 갖게 됐다. 미혼이라는 단어가 가진 이데올로기적 편향을 의식한 언중은 이를 적극적으로 고쳐 쓰기 시작했다. '기혼'과 형식적으로 대립쌍을 이루면서 결혼제도 바깥의 시민결합까지 아우른다는 점에서 비혼은 홑몸을 뜻하는 '독신'보다 합리적인 대체어인 동시에 여성운동과 불가분한 주제였다. 산아제한과 출산 장려를 오가며 인구정책 트렌드에 맞춰 여성의 몸을 통제하려는 국가, 그리고 여성의 재생산 노동에 기생하면서도 그 가치를 절하해온 가부장제에 대항하는 페미니스트에게 비혼은 그 자체로 재생산 사보타주 선언이었던 것이다.

2015년 '메갈리아'의 소송 비용 모금 프로젝트로 확산된 슬로건 "여자들에게 왕자는 필요없어(Girls do not need a prince)"도 충분히 힘차게 느껴지던 시기가 있었다. 지금은 완곡한 미문(美文)으로 보이는 이 메시지에 담긴 정신은 비혼주의에 이르러 목적지가 분명한 외침으로 뻗어나가게 되었다. 그러나 이 외침을 실질적인 수행으로 끌어올리기 위해서는 비혼의 지속가능성을 검토하는 단계도 필요했다. 2018년 1월의 『경향신문』 기사 「국가는 가족에, 가족은 비혼자에 떠넘겨… '돌봄의 민주화' 고민할 때」는 그 물꼬였다. 해당 기사는 노부모 수발을 비혼 딸, 기혼 딸, 비혼 아들, 기혼 아들 순서로 도맡게 되는 한국 돌봄 문화를 지적한다. 비혼을 선택해도 '일과 돌봄의 양립'이라는 과제에서 자유로울 수 없는 중년 여성의 현실이 불러일으킨 파장은 상당했다. 드라마 속 결혼 못한 노처녀가 아닌, 성공한 여성을 배타적으로 지칭하는 골드미스가 아닌, 평균의 비혼 여성 서사가 빈약한 사회에서는 그 삶에 어떤 장애물이 도사리고 있는지 짚어볼 기회도 없었기 때문이다.

여성들이 '비혼 이후'를 질문하기 시작하면서 연쇄적으로 의식화된 비혼 여성의 생존 조건은 이제껏 공공연히 알려진 바 없는 만큼 상상 이상으로 취약했다. 고용, 임금, 승진, 주택 청약, 은행 대출, 의료 시스템, 기업과 정부의 각종 정책이 촘촘한 그물망처럼 얽혀 비혼 여성을 복지의 사각지대로 밀어내왔던 것이다. '미혼' 여성을 기혼으로 전환될 가능성으로만 셈하는 국가가 만들어낸 불평등이었다. 마치 모든 국민이 언젠가는 '인구 재생산'에 기여하리라 예상한다는 듯, 또는 기여해야만 한다고 강요하는 듯, 유자녀 기혼 가정을 우선순위로 하여 계획된 사회 제도는 점점 더 선명하고 날카롭게 간파되었다. 비혼 여성이 자립하기 극히 어려운 현실은 실질적으로 가부장제에서 이탈하려는 여성을 포섭하는 올가미로 기능한다. 여성의 비혼 의지를 끊임없이 시험하는 구조는 언제나 회유의 손짓을 동반하기 때문이다. 모든 난관을 해결할 '한 방'이 있다고. 남성 파트너와 결합하면 그만이라고.

국내 페미니즘 지형도에서 비혼 의제를 주도하는 그룹은 래디컬 페미니스트다. 남성을 엄격히 배격하고 "생물학적" 여성과 연대하는 래디컬 페미니스트는 근본주의에 입각해 남성 권력에 종말을 고하고자 한다. 비혼주의는 비연애·비섹스·비결혼·비출산 운동으로 확장되었다. 네 가지 '하지 않음'을 '4B(4비)'라는 두문자어 구호로 축약해 운집한 래디컬 페미니스트들은 비혼 여성의 목소리를 키우는 데 집중한다. 소셜미디어 상의 '#비혼_여성의_삶' 해시태그는 가려진 이야기나 다름없었던 그 삶의 내역을 누구나 찾아볼 수 있도록 연결하는 키워드다. 개인적으로 달성 가능한 삶의 질 향상부터, 여성의 생활-학업-직업 네트워크 구축하기, 넓게는 생활동반자법 같은 비혼 친화적 제도 입법 운동까지 걸쳐 있는 실천은 '지속가능한 비혼'이라는 하나의 지향점으로 모인다. 그리고 이 지속가능성을 확보하는 요건으로서 노동과 주거는 비혼 여성 담론에서 중요한 주제다.

살아남아라, 여직원!

엄마가 얼굴 하나 보고 결혼한 아빠는 10년째 백수다.

전도유망하던 엄마는 테이프 제조 공장에서 유동적으로 근무하며 가계를 부양 중이다. 자타공인 '엄친아'인 오빠는 외국인 노동자 신분이라 얼굴 볼 일도 없다. 한평생 돌봄 노동이 적성에 맞은 적 없던 할머니는 엄마와 아빠가 낳은 늦둥이에 또 발목을 잡혔다. 너무 조숙해버린 그 늦둥이는 고작 열 살이다. 웹툰 「슬픔의 미학」은 이 대책 없는 대가족의 둘째 딸 장유영이 가장이 되면서 시작된다.

폭넓은 세대의 생애사를 엮은 가족 시트콤 「슬픔의 미학」의 주축은 스물일곱 청년 장유영과 그의 13년지기 단짝 고인수다. 결혼의 로망도, 내 집 마련의 꿈도 없는 장유영은 '3포 세대' 청년상을 대표하는 것 같다. 학창 시절 장유영과 BL 합작을 꿈꾸던 고인수는 전문대 졸업 후 6년째 고시원을 전전하는 웹툰 작가 지망생이다. 외주 의뢰도 변변치 않은 그의 주요 밥벌이는 '향기 나는 클레이 장미꽃'을 만드는 부업이다. 청년 취업난과 블랙 컴퍼니의 착취를 다룬 「열정호구」와 유사한 작품으로 보이기도 하지만, 「슬픔의 미학」은 대중이 익히 아는 '헬조선'론에서 한 발자국 더 나아간다. 헬조선론이 남성 청년에 대표성을 부여함으로써 누락해온 여성 청년들의 이야기이기 때문이다.

문예창작 전공은 살리지 못했지만 BL 서브컬처를 탐닉하

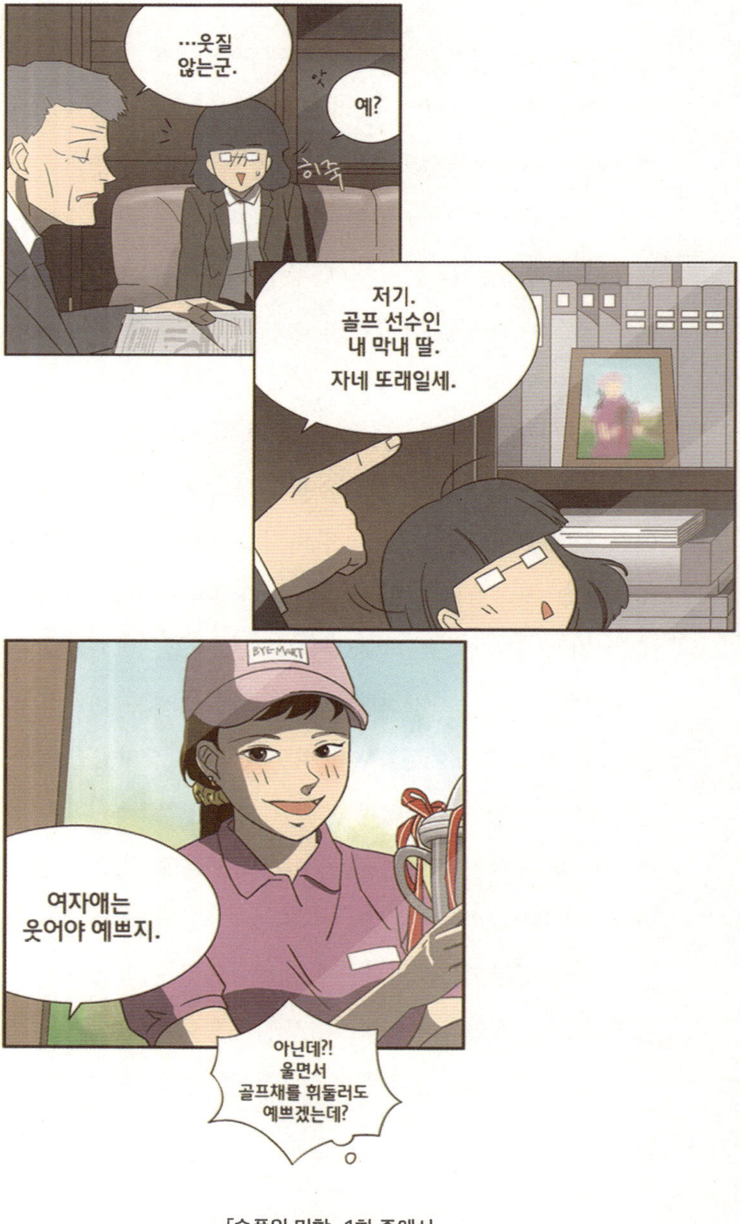

「슬픔의 미학」1화 중에서

며 익힌 포토샵 기술은 쓸모가 있다. 장유영이 별 생각 없이 지원해 얼떨결에 합격한 직무는 디자이너다. 삼류대 인문 전공, 무스펙에 무경력자인 그가 지역 신문사 '일류일보'에 입사할 수 있었던 것은 행운일까? 아이러니하게도 장유영의 합격 비결은 성차별이다. '여직원 자리를 채울 여직원'을 찾고 있던 대표는 장유영이 '별 볼 일 없어서' 마음에 들었다. 대표는 여직원 따위 말만 잘 들으면 그만이고, 별 볼 일 없는 여자일수록 말을 잘 듣는다고 생각한다. 실제로도 장유영의 업무는 별 볼 일 없다. 디자이너로서 필요한 소양은 예술적 감각이 아니라 아저씨 클라이언트들의 얼토당토않은 미감에 타협하는 비위다. 어차피 여직원의 핵심 업무는 화장실 청소, 커피 대접하기, 빨래, 설거지, 분리수거, 타 부서 뒤치다꺼리니까.

그 존재만으로 '동일노동 동일임금'이라는 구호의 정당성을 증명하는 회사다. 경리부 '미스김' 김희경이 비공식적으로 "하녀짓"이라고 부르는 회사 살림 관리에는 아무런 보상도 보람도 없다. 남직원들은 가부장적 질서 위에서 '하녀짓'을 면제받으면서도 월등히 높은 임금을 받는다. 편집국 여직원의 근무 시간을 단축 신고하는 회사 내규로 여성 기자들은 백만 원 이하의 월급을 받는다. 편의점에서 점심식사를 해결해야 할 만큼 주머니 사정이 좋지 않지만, 이들도 '회사의 얼굴'이 되려면 사내 행사를 앞두고 미용실에 가야만 한다. "화장도 안 한 애", 학창 시절 교복을 단벌 유니폼으로 꿰어 입는 장유영은 그 자연인적 성격만으로도 노골적인 멸시와 인신공격의 대상이 된다.

맹한 듯 둔한 듯 본질을 꿰뚫는 의뭉스러움과 사회적 코드를 초월한 정신세계로 성차별 조직을 헤쳐나가는 장유영의 회사 생활기는 해학적이다. 그러나 이 유머러스한 톤은 연재 후반부에 이르러 서사의 축을 고인수로 이동시키며 묵직하게 반전된다. 스타 만화가 '이국'의 문하생 자리를 소개받을 때만 해도 고인수는 절호의 기회를 잡았다고 생각했을 것이다. 연고 없는 지방 도시, 일일 14시간 주 6일 근무, 첫 달 월급 10만 원, 다음 달부터는 30만 원. 주거비도 안 나오는 조건이다. 고달픈 현실은 '덕심'으로 이겨내리라 다짐했지만, 가까이서 관찰한 이국은 고인수의 환상마저 무너뜨린다. 문하생을 "진짜 식구"처럼 생각한다던 이국은 화실에서 제왕적 권위를 누리고 있다. 문하생의 콘티를 갈취해 본인 이름으로 발표한다. 그의 곁에는 대학원 과제, 지원사업 신청서 작성, 운전 등 온갖 잡일을 대신해주며 몸종처럼 따라다니는 여자도 있다.

노동 착취는 견딜 수 있다. 진짜 견딜 수 없는 것은 이국과의 거리다. 그는 한밤중에 고인수를 불러내 소주를 마시고, 행복하지 않은 부부관계를 흘리고, 칭찬처럼 스킨십을 하면서 불길한 호의를 베푼다. 호의와 추파의 경계는 너무 모호해서 선을 그을 수도 없다. 그래서 그것이 성폭력으로 끓어오르는 시점에 고인수는 이미 이국에게, 자기 의도를 알고 암묵적으로 동의한 여자로 여겨진다. 고인수가 자신을 거부하자 이국은 베테랑처럼 신속하고 능란하게 여론을 포섭한다. 대외적으로는 진보적이고 가정적인 남성이라는 평가를, 내부에서는 먹고 살 길이 급한 또다른 누군가의 비호를 받고 있는 이국에게 여자 문하생 하나 치우기는 쉽다.

헬조선 시대의 여성 노동자에게 요구되는 '열정 노동'은 남성 노동자의 그것보다 훨씬 더 광범위한 부당 대우를 포함한다. 여성의 섹슈얼리티 자체가 노동이 되는 환경 탓이다. 고인수가 자리를 지키려면 이국의 뜻에 따라야 했을 것이다. 일류일보는 '여성성'을 실질적인 업무 내용으로 만들고, 여성 직원이 그 이상의 전망을 넘보지 못하도록 격려한다. 당연하게도 성희롱을 일삼는 사회부장도 있다. 여성 기자들이 옥상에 모여 성토하는 가운데서도 누군가는 "긍정적으로" "좋게좋게" 생각하자며 찬물을 끼얹는다. 그 '정신

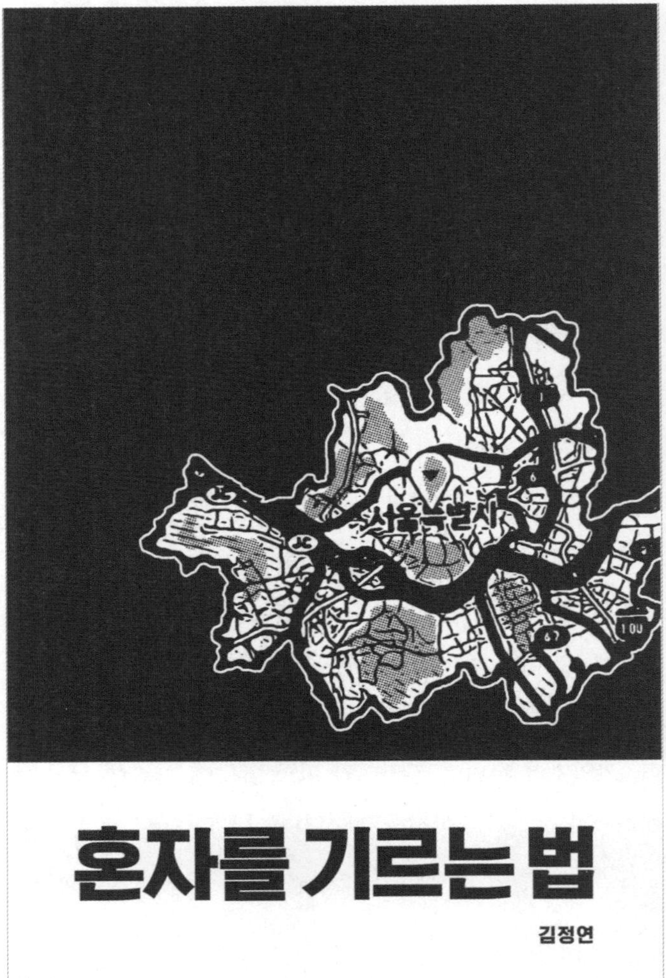

혼자를 기르는 법

김정연

출처 다음 웹툰 「혼자를 기르는 법」
작가 김정연

승리'가 5년 근속의 비법이라는 지적은 웃어넘기기엔 너무 뼈아프다.

여자들의 일하고 싶은 마음, 일을 그만둘 수 없는 사정은 늘 그런 식으로 볼모가 된다. 장유영은 처음부터 일자리에 큰 가치를 부여하지 않았다. 그래서 '여직원 취급'에 받는 타격이 덜하다. 직장을 떠나는 것이 두렵지 않기에 원한다면 싸울 수도 있다. 그러나 고인수는 그토록 갈망하던 커리어의 초입에 있었다. 스승에게도, 동료에게도, 친구에게도 외면당한 고인수의 몸부림은 처절하다. 나날이 잘 나가는 이국의 이름과 얼굴이 대중매체에 도배될수록 고인수는 나락으로 떨어진다. 어차피 '여직원들'에게 무슨 일이 일어나고 있는지는 세상의 관심사가 아니다. 누군가의 눈에는 고인수도 '근성이 없어서' 못 써먹을 여자 중 하나일 뿐이었으리라.

자기만의 방

매 순간 시선과 싸우고 한계 지어지고 시험당하는 여자들에게, 먹고 살기는 때때로 과도하게, 너무 과도하게 고통스러운 일이 되곤 한다. 그것이 여자들이 힘겹게 확보한 경제 주권을 '토해내게' 만드는 방법이었음을 이제 우리는 어느 정도 안다. 일터를 나온 장유영과 고인수는 이제 새로운 땅에서 새로운 출발을 준비해야 한다. 이들이 심신을 회복할 자원을 확보하기 위해서는 10년간 두문불출하다 돌아온 아버지, 혹은 친구 아버지라도 필요하다는 결말은 쓴맛을 남긴다. 결혼한 여동생에게 얹혀살면서 육아와 가사노동을 제공하게 된다는 중년 비혼 여성 장유영의 미래는 막막하게마저 느껴진다.

사회적인 부상을 입은 여성을 받아낼 마지막 저지선이 가족이라면, 돌아갈 가족조차 없는 여성은 어디로 가는지 생각한다. 스스로를 몰아세우거나 그대로 주저앉아야 할 때, 그에게 가장 눈에 띄는 돌파구로 주어진 것은 무엇인지도 생각한다. 「혼자를 기르는 법」의 주인공 '이시다'는 장유영보다는 수완이 좋고 고인수보다는 운이 좋은 것 같다. 물론 "중요한 자리에서 중요한 일을 하는 중요한 사람"이 되자던 장래 희망은 아직 이루지 못했다. 치사량을 아슬아슬하게 밑도는 철야가 일상인 중소 인테리어 회사의 막내 되기는 직업 활동이 으레 담보한다고 여겨지는 자아실현과는 거리가 멀다. 그래도 그에게는 부모가 마련한 공동생활 공간이 아닌, 손바닥만 한 고시원이 아닌, 자기만의 방이 있다.

혼자 살기는 비싸고, 여자 혼자 살기는 더 비싸다. 여성의 자취 비용은 우범 지대를 피하는 단계에서부터 훌쩍 뛰어오른다. 부동산에 남자를 대동하고, 신발장에 남자 신을 내놓고, 빨래대에 남자 속옷을 걸고 가명으로 택배를 받으라는 여자 자취 '팁'은 이제 비밀도 아니다. 여성의 홀로됨으로부터 성적 자유분방함이나 성적 무방비 상태를 연상하는 남성 문화는 또다른 심리적 비용을 부과해왔다. "모텔비 굳겠다"는 류의 성희롱 소재나 불법촬영물의 배경으로서 여성의 자취방을 성애화하려는 시도는 부단했다. 그래서 1인 가구 여성은 유령과 함께 사는 기묘한 존재가 되곤 한다.

한줌의 안전이라도 확보하기 위해 세워둔 허수'아비'들은 비혼 여성의 처지를 상징적으로 드러낸다. 관음과 침범의 욕망으로부터 도피하기 위해 1인 가구 여성은 공권력도, 공동체도 아닌 남성 권력을 대동해 냄새를 지우는 은닉술을 익혀야 했다. 각종 여성혐오 범죄가 불가항력이라는 중론이 여성의 치안 문제를 개인의 단속 역량에 떠넘겨온 탓이다. 그러니 비혼 여성이 모이는 길목에서, 남성이 응시하는 대상으로 객체화되었던 주거 공간을 여성 주체로 재경험화하는 것은 중요하다. 여성이 정착하기엔 역부족인 공간이나 남성에게 쾌락을 제공하는 공간이 아니라 안락한 독립 공간으로서의 집 말이다.

「혼자를 기르는 법」은 때로는 현미경으로 세포를 들여다보듯이, 때로는 인공위성으로 우주를 내려다보듯이, 시점을 당겼다 놓으며 30대 비혼 여성 이시다의 서울살이를 관찰한다. 공간을 윤택하게 만드는 업을 가진 사람답게 이시다는 공간을 근거로 세계에서 자기 위치를 파악한다. 집안에서 아지트 짓고 헐리기를 반복하고, 동생과 각방을 쓰게 해달라는 청원을 번번이 반려당하던 이시다는 B&B 사이트에서 가상 집들이를 하고, 쇼 프로그램 호스트의 눈을 통해 건물을 탐방하며, 공간 시뮬레이션 프로그램 속에서 물리적 제약에 구애받지 않고 무한히 활보하는 아바타 '수잔'을 부러워하는 어른이 되었다. 딸의 분가를 반대하는 아버지에게 뺨을 맞아가며 상경한 서울은 남의 땅으로 발 디딜 틈 없다. 이 분주한 도시에서 이시다는 백팩 하나와 캐리어 하나에 단출한 세간을 이고 몸 누일 공간을 차근차근 넓혀간다.

부모에게 손을 벌리지 않고는 고시원을 나올 수도 없었

던 이시다에게 '진짜 내 집' 마련의 꿈은 서울에서 더더욱 멀게만 느껴진다. 사라질 때까지 최대한 흔적을 적게 남겨야 하고, 때로는 집주인의 계산에 맞게 전입 신고를 생략해야 하는 세입자 이시다는 있어도 없는 사람이다. 미감과 의욕이 있어도 경제적 여유가 생길 때까지는 플라스틱 바로크 양식의 키치함을 견뎌야 하지만, 만 원짜리 백화점 비누를 쓰고 TV 채널을 독점하는 혼자됨의 경험은 더없이 소중하다. 설사 이시다의 소유가 아닐지라도 집은, 불쾌한 남자들과 성가신 참견꾼들이 활개치는 외부 세계와 차단된 나만의 공간이므로.

혼자만으로는 살 수 없다면

"누구나 갑자기 부모가 될 수 있다"는 사실이 낯설고 두려운 이시다는 자칭 "독립형 동물"이다. 부양가족의 무게는 얼떨결에 입양한 햄스터 '윤발이'만으로도 충분하다. 이시다에게 혼자라는 상태는 대부분 쾌적하지만, 그럼에도 불현듯 압도하는 고립감을 막을 수는 없다. "누가 저를 돌보나요?"라는 이시다의 질문은 비혼 여성이 고민하는 돌봄

이슈를 건드린다. 국가가 담당했어야 할 복지의 빈 곳을 가부장제로 막아온 사회에는 지치고 아프고 늙은 '독립형 동물'을 위한 대안이 없기 때문이다.

먼 미래처럼 막연하던 불안은 준비할 시간도 주지 않고 현실이 되었다. 어느 날 불쑥 심장 이상을 감지한 이시다는 공황장애 진단을 받는다. 담배를 피우며 폐암 운운하던 이시다에게 죽음은 더 이상 '쿨'한 농담이 아니다. 지하철역에서는 제세동기 옆에 붙어 서고, 잠들기 전에는 그림자처럼 다가온 죽음과 함께 눕는다. 회사 남자들에게는 건강을 관리해줄 '마누라'가 있지만, 이시다는 인터넷을 뒤지고 관련 서적을 읽으며 홀로 분투한다. 젊음과 건강함을 전제로 써내린 인생 시나리오는 조금씩 수정되어야 한다.

일을 쉬자니 돌아오지 못할까 두렵다. 전투적으로 치료를 받자니 돈이 발목을 잡는다. 약물 부작용으로 업무 효율이 떨어져도 병은 비밀에 부치고 싶다. 아픈 사람을 향한 편견은 버겁다. 아무리 독립형 동물이라지만, 이제는 이시다에게도 약간의 의지처가 필요해 보인다. 혁신적일 것도 보수적일 것도 없이 평균 수준으로 '빻은' 회사 남자들은 별로 유쾌한 상대가 아니다. 넷째 출산을 앞두고 독박 육아로 정신없는 학창 시절 친구와 텔레마케터로 일하며 눈물로 하루를 지새는 여동생 이시리는 본인의 삶도 벅차 보인다. 마음 붙일 곳을 찾지 못하던 이시다에게 유일한 환기구는 혜수 언니다. 각종 파충류와 어류를 가족 삼아 돌보며 인간보다 수명이 긴 거북이를 자신의 상주로 삼겠다 말하는 혜수는 「혼자를 기르는 법」의 또다른 비혼 여성 캐릭터다.

햄스터 윤발이의 먹이를 직거래하면서 어울리게 된 혜수는 이시다의 동네 친구, 자취 멘토에서 정신적 지주로 발전한다. 발병 이후 늘 응급 상황을 염두에 두게 된 이시다는 부모도, 여동생도, 119도 아닌 혜수를 휴대폰 단축번호 1번에 저장한다. 남자 이름, 남자 팬티, 남자 신발이 아니라 살아 있는 여자를 지지대 삼을 수 있다니 얼마나 산뜻한지! 생활 반경을 공유하면서도 적당한 거리를 유지하는 이시다와 혜수의 관계는 비혼 여성 공동체의 가능성을 제시한다. 그래서 이시다는 '가족에게 돌아감'이라는 선택지에 눈길 한 번 주지 않는다. 돌아가야 할 일자리, 지키고 싶은 집, 그리고 믿을 만한 여자친구가 "나를 들여다볼 수 있는 사람은 나뿐"이라는 다짐을 단단하게 해준다.

위대하고 고귀하게 살라는 희망이 담긴 '이시다'라는 이름은 원작자인 아버지의 의도와는 다른 해석을 낳았다. 어

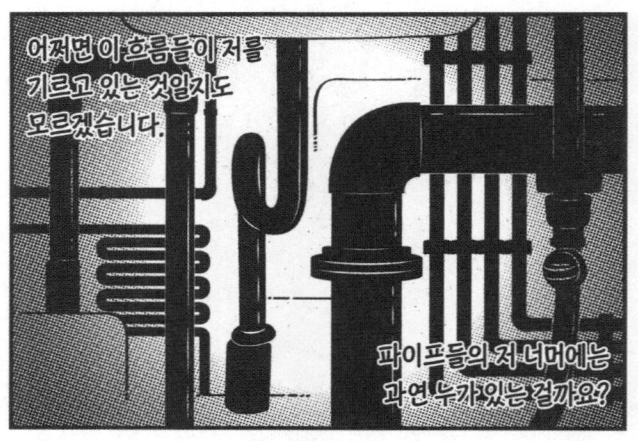

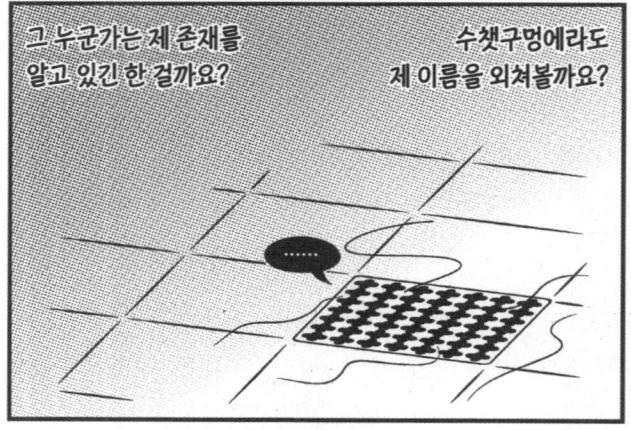

「혼자를 기르는 법」 3화 '시스템' 중에서

딜 가나 '—이시다'라고 외치는 귀인이 되는 대신 온갖 잡무에 불려다니는 '시다(바리)'가 되어버린 인생의 아이러니처럼, 이시다가 구상한 삶의 그림에는 늘 변수가 끼어든다. 그것이 못생긴 가구든, 질병이든, 반려동물과의 만남과 이별이든. 그래도 이시다는 삶을 가꾸어나가기를 멈추지 않는다. 작은 큐브 모양의 고시원에 누워 "내가 뭘 갖고 싶은지 절대로 까먹지 않을 거야"라고 되새기던 마음을 잊지 않는다. 그의 이정표는 나만의 집을 정확히 가리킨다.

이제 페미니스트들의 대중문화 소비는 주입된 욕망을 걸러내는 작업을 포함하게 되었다. 오락 문화의 거대한 부분이 쾌락의 기능을 상실하면서 즐거움은 줄고 피로도는 높아졌지만, 이는 여성들이 더 굳건한 주관으로 세계를 파악하게 되었음을 의미하기도 한다. 세상은 여자들에게 비혼이 가난하고, 아프고, 외롭고, 막막한 선택이 되리라고 끝없이 겁박할 것이다. 그러나 현 시대의 여자들은 그런 이유로 가부장제에 몸을 내던질 수 없다는 사실 또한 알게 되었다. 그래서 비혼 여성에게는 나에게 필요한 것이 무엇인지, 그것이 어떤 모양이 될지 가늠해볼 궤적이 필요하다. 혼자인 사람이 나 혼자가 아니라고 확신할 수 있는, 「혼자를 기르는 법」 같은 참고문헌이.

주

1 원종욱 한국보건사회연구원 선임연구위원이 '제13차 인구포럼'에서 발표한 「결혼시장 측면에서 살펴본 연령계층별 결혼 결정요인 분석」에서 문제가 된 부분은 다음과 같다. "여성의 교육수준과 소득수준이 상승함에 따라 하향 선택결혼이 이루어지지 않는 사회관습 및 규범을 바꿀 수 있는 문화적 콘텐츠 개발이 이루어져야 함. 이는 단순한 홍보가 아닌 대중에게 무해한 음모 수준으로 은밀히 진행될 필요가 있음."

2 2015년까지 국민건강보험공단은 이혼한 경우는 미혼으로, 사별한 경우는 기혼으로 규정해왔다.(뉴스1, 「국민건강보험 피부양자 등재시 이혼자/사별자 구별은 차별」, 2014.9.30.)

3 『한겨레21』의 기사 「아버지의 '순리'를 거역한다」(제215호, 1998.7.9.)에 1990년대 한국 페미니스트들이 비혼이라는 용어를 사용했다는 기록이 남아 있다.

나쁜 남자를 사랑한 개념녀

요니 「소설」(2018~2019)

나쁜 남자 신드롬

영화계 '미투' 운동으로 명성보다는 악명을 드높이게 된 감독 김기덕에게 「나쁜 남자」(2002년 개봉)는 호시절의 시작이었다. "세상에서 가장 나쁜 남자를 만났다"라는 홍보 문구의 원안은 "내 여자친구 창녀 만들기"였는데, 이는 한 줄짜리 줄거리 요약본이다. 깡패 두목이자 성매매 포주인 한기(조재현)는 길거리에서 여대생 선화(서원)에게 시선을 빼앗긴다. 그는 자신과 선화가 다른 세계에 살고 있음을 안다. 그래서 선화를 사창가 골목으로 끌어내린다. 감금 상태로 관음, 폭언, 폭행, 성학대에 시달리면서 선화의 심신은 점점 미약해진다. 선화는 한기를 사랑한다고 느낀다. 이제는 한기가 그를 놓아주려 해도 선화가 떠나려 하지 않는다. 한기와 선화는 한 트럭을 타고 다니며 길거리 포주와 창녀로 희망 없는 관계를 이어나간다.

당시 여성단체의 거센 항의에도 불구하고 논쟁거리가 있는 문제작 정도로 용인된 「나쁜 남자」는 흥행에 성공했다.[1] 한국 영화 최초로 3년 연속 베를린국제영화제에 초청되고, 두 주연 배우가 대종상영화제에서 연기상을 수상하는 등 국내외 평단의 인정도 받았다. 「나쁜 남자」의 극장 개봉 몇 달 후에는 남성 솔로 댄스 가수 '비'가 데뷔했다. 영화에서 영감을 받은 듯한 곡 「나쁜 남자」를 들고 말이다. 정석 미남보다 '개성파'로 분류될 법한 신인이었던 그는 용감하게도 나를 사랑하게 해 미안하다고 울부짖고 있었다. 그의 죄목이란 "그대 가질 수 없는 형편없는" "다른 많은 사람들 눈에는 아주 보잘것없는" 남자이면서 호기심으로 한 여자의 마음을 훔쳤다는 것이었다.

나쁜 남자 서사의 특징은 불가해성이다. 영화 「나쁜 남자」의 선화가 왜 한기를 사랑하게 되는지, 「나쁜 남자」 뮤직비디오 속 여주인공이 어쩌다 탈옥범인 비에게 반하는지는 완전히 이해되지 않아도 좋다. 그런 일에 휘말리는 여자들이 존재한다는 것만으로도 충분하다. "난 너에게 좋은 남자가 아니"라고, 제발 나를 사랑하지 말라고 무릎 꿇는 고해성사 드라마의 핵심은 속죄가 아니라, 속죄를 가장한 나르시시즘이기 때문이다. 남자들은 위악 떠는 자신의 모습과 사랑에 빠졌다. 드라마 「미안하다 사랑한다」(2004)의 차무혁(소지섭)이 달리는 차 안에서 송은채(임수정)에게 "밥 먹을래, 나랑 같이 죽을래"라고 고함치던 그때 그 시절, 남초 온라인 커뮤니티 디시인사이드에 결집한 '미사 폐인'들은 소지섭에게 '소간지'라는 명예로운 작위를 바치고 말았다.

 남자가 인정한 남자! 남성 집단의 승인을 얻은 나쁜 남자 서사는 신속하게 대중문화에 뿌리내렸다. 기존 로맨스 장르의 신데렐라형 스토리와 당대 여성향 서브컬처를 강타한 '인소'[2] 감수성은 좋은 융합 재료였다. 「파리의 연인」(2004), 「내 이름은 김삼순」(2005), 「커피프린스 1호점」(2007), 「꽃보다 남자」(2009) 등 안하무인형 남주인공을 내세운 로맨틱 코미디 드라마들은 기록적인 시청률을 찍었다. 미디어가 앞다퉈 나쁜 남자의 매력을 탐구하면서 나쁜 남자는 유행에 맞춰 옷만 갈아입는 방식으로 끊임없이 변주되었다. 「파스타」(2010)의 최현욱(이선균)이 '버럭 남주'의 경지를 이룩했던 해, 드라마 「시크릿 가든」(2010)은 남주인공 김주원(현빈)에 '까도남(까칠한 도시 남자)'이라는 타이틀을 붙여 홍보에 활용했다. 웹툰 「마음의 소리」 242화 '도시남자'(2008)가 유행시킨 '차도남(차가운 도시 남자)'에서 파생된 신조어였다. 그 뒤를 이은 '상남자'는 남성의 거칠고 비이성적인 행동에

소설 小雪

요니

출처 저스툰 「소설」
작가 요니

유쾌한 주석을 추가했다.

환상의 커플

 나쁜 남자는 가진 게 없다. 가진 게 없으니 희망도 없다. 그래서 사랑하는 법을 모른다. 나쁜 남자 신드롬은 당시 20대 남성의 자기연민 정서를 효과적으로 자극했다. 군입대라는 시련을 통과했거나 앞으로 할, IMF를 거치며 '가장의 몰락'을 목격한, '여성 상위 시대'가 서러운 청년 남성의 자아상에 나쁜 남자는 꽤 그럴싸한 분신적 자아(alter ego)였다. 문제는 가련한 남성 동지를 보듬어 품는 이 에너지가 그저 내향적으로만 머무르지 않았다는 것이다. 남자의 자기연민은 '팔자 좋은' 여자를 향해 발산되는 분노와 짝패를 이룬다. 영화 「나쁜 남자」의 한기가 선화의 삶을 욕망하고 동경하는 동시에 질투하고 혐오했던 것처럼.
 2006년, '된장녀의 하루'라는 게시물이 온갖 온라인 커뮤니티를 순회한다. 브랜드 샴푸, 패밀리 레스토랑, 아메리카노와 도넛을 즐기는 여성의 무개념 소비 행태(?)는 어떻게 증오의 광풍을 불러일으켰는가? 원본 게시물에서 묘사하는 된장녀는 아빠에게 용돈을 뜯어내고, 복학생 오빠에게 밥을 얻어먹고, 남친의 자가용을 제 자산으로 착각한다. '성실하고 순진한 한국 남자'의 등골을 빼먹는 '나쁜 년'의 대표 형상은 단연 '잠재적 연애 후보'인 20대 초반 여대생이었다. 남성 청년은 된장녀가 소비하는 상품 내역들을 낱낱이 거론하고 나날이 갱신하며 '나쁜 여자'를 걸러내는 가이드라인을 완성해나갔다.

반면교사로서의 나쁜 여자가 있다면 타의 모범이 되는 좋은 여자도 있어야 한다. 된장녀의 대립항으로 호명된 '개념녀'의 조건은 아무 조건도 따지지 않는 것이었다. 남자의 인물, 나이, 재력, 학력, 능력, 정력 등 무엇 하나라도 점수를 매겼다가는 속물이나 걸레라는 낙인이 찍히게 될 터였다(남성 집단은 어리고 아름다운 여자에게 이끌리는 것이 남자의 생식 본능이라는 진화심리학적 여성관을 한 순간도 포기한 적 없지만 말이다!). '설명할 수 없는' 이끌림만이 순도 100%의 사랑이라면 여자에게 남겨진 사랑의 이유는 하나뿐이다. '그냥'. 그렇게 개념녀와 나쁜 남자는 환상의 커플로 맺어졌다. 잘 길들여진 개념녀만큼 폐기물 수거에 적합한 여자도 없을 테니까.

개념녀를 찾는 남자와 나쁜 남자에게 반하는 여자가 만

난 2000년대의 이성애 연애 담론은 끔찍할 만큼 남성 중심적으로 전개되었다. 남자가 이해받아야 하는 만큼 여자는 사려와 겸양과 관용을 발휘해야 한다. 여자들은 더치페이를 하고, 데이트 통장을 만들기 시작했다. 남자를 피로케 한다는 '여자어'를 지양하고("오빠는 내가 왜 화났는지 몰라?"), '고무신'이 되어 '꽃신' 신을 때까지 남자의 내무반 생활을 보필하고, 『화성에서 온 남자, 금성에서 온 여자』 같은 책을 남자 입문의 바이블로 섬기며 읽었다. 연애하는 남자들의 불평이란 고작 화장실 앞에서 여자친구의 핸드백을 들고 기다리는 것 정도였던 그 시기에 말이다.

이상한 일이었다. 남자들의 온갖 사정에 공감 능력을 다 끌어 써도 여자들은 별로 행복해지지 않았다. 여성의 가치를 '후려쳐'서 달아나지 못하게 만들고, 여성의 대외 활동이나 사교 생활을 제한해 고립시키고, 예상할 수 없는 순간에 예상할 수 없는 크기로 화를 내며 통제력을 키우는 남자들은 언제나 적지 않은 수로 존재했으니까. 좀더 똑똑한 연애를 하고 싶었던 여자들은 연애의 룰을 분석해 명문화하기 시작했다. 2010년을 전후로 '어장관리' '짝녀/남' '(관)심녀/남' '썸(녀/남)' '여/남사친' 등 이성과의 관계 맺음 상태를 표현하는 용어들이 엄밀하게 분화되었다. 나쁜 남자 경계의 일환으로 '벤츠'와 '똥차'라는 남자 분류법이 정착했다. 여초 커뮤니티 연애 게시판의 인기 글 패턴은 크게 두 부류로 나뉘었다. '벤츠'와 예쁜 연애 중인 여자들의 염장 글과 '똥차'에게서 벗어나지 못하는 여자들의 눈물 젖은 고민 글이었다.

'똥차 컬렉터'들의 사정

웹툰 「알고있지만」(2018~2019)의 미대생 유나비는 이제 막 똥차와의 연애를 끝낸 참이다. 약 900여 일을 올인한 연애의 결말은 남자친구의 양다리였다. 남은 것은 과에서의 '아싸' 포지션과 "연애에 문제 생길 때만 찾아오는 애"라는 친구들의 평판이다. "잘했어, 우리 나비도 이제 똥차 보내고 새 차 타야지"라는 친구의 위로는 상쾌하지만, 뒤늦게 삶의 무게중심을 잡으려는 유나비의 일상에는 금세 불길한 기운이 드리운다. 삼수생 후배이자 동갑내기인 박재언이 다가오면서다. 그는 반반하고, 재밌고, 사교성 좋고, 친절하고, 섹시하고, 비밀스럽다. 문제는 그가 모든 여자에게 공평하게 그런 남자라는 것이다. 어떤 여자와도 섹스 파트너 이상의 관계는 맺지 않는다는 소문이 파다하다. 동행한 바에서 박재언을 알아보고 다가온 여자에게는 유나비가 받은 것과 똑같은 '작업'의 흔적이 있다. 그를 둘러싼 모든 정황이 경보음을 울리고 있다.

「알고있지만」은 눈에 보이는 나쁜 남자의 거미줄에 걸려드는 여자의 심리를 해부한다. 박재언의 캐릭터를 파악한 유나비는 선을 그으려 한다. 선 긋기에 실패하자 가볍게 탐색만 하겠다 한다. "걔가 진짜 구린 걸 알게 되면 내 쪽에서 먼저 버리겠다"고 장담했지만, 막상 구린 걸 확인한 뒤에도 발이 안 빠진다. 그는 '쿨걸'이 되어보려 한다. 박재언과 똑같은 마인드로 유사 연애의 이득만 취한다면 대등한 관계가 될 것 같다. 셈파가 되었다. 구질구질해지고 싶지 않은데 자꾸 구질구질한 기분이다. 박재언을 멋지고 쿨하게 차버릴 완벽한 타이밍은 좀처럼 오지 않는다. 점점 승부욕이 붙는다. 박재언의 자유로운 영혼을 정복하고 싶다. 나라면 박재언에게 예외가 될 수 있다는 희망을 놓기 어렵다.

유나비는 왜 '보통 여자들과는 다른 여자'가 되길 욕망하는가? 왜 자신은 '보통 여자'가 해내지 못한 일을 해내리라 기대하는가? 우리는 이미 이런 서사에 익숙하다. '차도남'과 '까도남' 뒤에는 '…하지만 내 여자에겐 따뜻하겠지'라는 문장이 생략되어 있었다. 차갑고 까칠한 남주인공은 여주인공을 연애 상대로 재인식하면서 태세를 전환한다. 여주인공은 그의 진지하고 따뜻한 본성을 확인함으로써 안전을 보장받는다. 동시에 그는 다른 여성(경쟁자)에게는 여전히 개새끼로 남아 있어야 한다. 여주인공은 세계의 유일한 존재로 부상함으로써 그간의 수모를 보상받는다.

그러나 이것만으로는 충분하지 않다. 나쁜 남자의 패악질에 상처받은 과거는 어쩌란 말인가? 나쁜 남자를 완전히 사랑할 수 있으려면 용서가 가능해야 한다. 나쁜 남자를 용서하는 가장 확실한 방법은 그의 지난날에 무슨 사건이 일어났는지를 알아내는 것이다. 이 모든 고통이 그의 불우한 성장기, 상처받은 영혼, 고단한 삶으로부터 초래되었다는 서사가 필요하다. 그래서 나쁜 남자의 곁에 머무르기는 부단한 치유 활동이다. 궁극의 인내와 보살핌으로 남자의 정서적 결핍을 채울 때 여자는 마침내 성녀가 된다. 이 구원의 순간, 구원자라는 타이틀이야말로 나쁜 남자를 견뎌낸 여자에게 주어지는 궁극의 보상이다.

웹툰 「소설」의 분위기는 좀더 무겁다. 주인공 '루'는 어둡고 추운 나날을 보내고 있다. 그가 취업의 문턱에서 몇 번이나 미끄러진 취준생이어서만은 아니다. 면접을 마치고 집으로 향하는 길, 지하철에서 마주친 어떤 실루엣은 소름 돋는 과거의 기억을 불러일으킨다. 대학생 루가 금요일마다 사립도서관 '달과 모래'를 아지트 삼아 숨을 돌리던 시절로 돌아가보자. 그곳에는 매주 똑같은 자리에서 영화를 보는 '얼굴 없는 남자'가 있다. 루는 그를 은근히 의식하며 거리를 두고 관찰한다. 사건은 갑작스러운 폭우가 내리던 어느 금요일 시작되었다. 여느 때처럼 아르바이트 시간에 맞춰 도서관을 나서던 길, 비에 가로막혀 오도가도 못하던 루에게 누군가 우산을 건넨다. 그 남자다.

옛날 영화의 한 장면처럼 적당히 낭만적으로 시작된 연애는 서서히 루의 숨통을 조여온다. 남자는 루가 평범하고 따분한 여자라고 세뇌한다. 엄격한 데이트 규칙을 정하고 루의 과제 달성 정도에 따라 상과 벌을 내린다. 폭력의 수위는 점점 높아진다. 그는 자기연민에 사로잡혀 있다. 루를 성적으로 학대하면서 위로를 받는다고 표현한다. 루는 루를 휘두르는 것이 얼굴 없는 남자의 사랑 방식이라고, 그리고 얼굴 없는 남자에게 휘둘려주는 것이 자신의 사랑 방식이라고 착각한다. 그저 남자의 방식이 조금 과격할 뿐이다. 그는 "어릴 때 불행한 사람이었으니까".

우리는 이런 이야기를 잘 안다. 그래서 나쁜 남자를 충분히 알고 있다고 생각했다. 「알고있지만」의 제목은 그런 의미에서 아이러니를 품고 있다. 독자도, 유나비도, 박재언도 알고 있다. 그는 좋은 남자가 아니다. 그러나 유나비는 모른다. 그 '알고 있다'는 느낌이 박재언에게는 무기이고 유나비에게는 함정이라는 것을. 박재언에게는 좋은 남자가 아니어도 괜찮다는 자신감이 있고, 유나비는 이런 유형의 남자가 손바닥 안에 있다고 생각한다. 그는 구원자가 되고 싶어 한다. 그것이 박재언이 또다른 섹스 스캔들로 얻어맞는 현장을 목격하고도 피 흘리는 그를 외면할 수 없고, 박재언이 지나가듯 흘린 불행한 가정사를 열렬히 궁금해하는 이유다. 이 게임에서 패배하지 않으려고 발버둥칠수록 지는 쪽은 유나비다.

내가 했던 게 진짜 연애일까

'똥차'라는 호명은 그 언술의 부정확성으로 인해 근본적 한계를 갖는다. 똥차가 도대체 무엇이냐 묻는다면, 여성을 불행하게 만드는 모든 남자라는 말밖에 할 수 없다. 이 성긴 정의 속에서는 유나비의 전 남친도, 박재언도, 얼굴 없는 남자도 모두 같은 층위에 버무려진다. 여성이 똥차와 벤츠의 대결 구도에 집중할수록 연애의 성패는 개인의 노련미에 달린 문제로 환원되었다. 우리는 정신 차리라며 똥차를 만나는 여자의 등짝을 때리기보다, '똥차 가고 벤츠 온다'는 주문으로 축하의 말을 대신하기보다, 여성에게 왜 자꾸만 이런 일이 일어나는지를 물었어야 했다.

국내에서 데이트 폭력[3], 가스라이팅[4], 그루밍 성폭력[5], 위계에 의한 성폭력 등의 개념이 근 몇 년 사이 양지로 나왔다. 이를 오래도록 음지에 가두어둔 것은 성적으로 접촉한 남녀 사이에서 발생한 가해와 피해를 '치정' 싸움으로 취급하는 통념이다. 안전하지 않은 남자와의 사랑이 가능하고, 그 또한 사랑의 어두운 단면이라고 설파하던 나쁜 남자 서사는 이 전 사회적 무감각증의 결과물이자 강화제였다. 그리고 이것이 로맨틱 코미디 장르로 들어와 여성 수용자의 구미를 자극할 수 있는 형식으로 손질될 때, 문제는 좀더 복잡해진다.

남주인공은 밀어붙이기, 손목 붙잡기, 고성 지르기로 남성성을 표출하고 여주인공은 그 에너지에 압도된다. 로맨틱 코미디 드라마는 심리적으로 위축된 여성이 느끼는 긴장감을 공포가 아닌 에로스로 오독하는 관점을 전파해왔다.

용인되어서는 안 되는 이미지가 양산되면서 사랑과 폭력의 경계는 희미해졌다. 남성의 행동에서 엿보이는 '작은' 위험 신호는 너무 쉽게 무시된다. 「소설」의 얼굴 없는 남자는 첫 대화부터 다소 무례하고 권위적인 태도로 루의 취미를 폄하한다. 루는 이 대화를 지적인 긴장 정도로 받아들인다. 그는 불안과 설렘을 동시에 느끼지만, 설렘을 대표 감정으로 선택한다.

「알고있지만」에서 유나비가 회상하는 전 남친과의 에피소드는 이 '무시된 신호'들의 행진이다. 그가 콘돔 없이 섹스하자고 회유했을 때, 나비가 헤어스타일을 바꿨다고 화를 냈을 때, 그게 아니면 동의 없이 나비를 모델로 삼은 누드 조각을 전시했을 때라도 유나비는 그를 차버렸어야 했다. 유나비는 왜 헤어지지 못했나? 이들의 관계가 입시미술학원에서 만난 성인 강사와 미성년 학생 신분에서 발전했다는 점은 중요한 단서가 된다. 여기에 로맨틱 코미디 드라마가 여성 수용자에게 심어온 두 번째 거짓 신호가 숨겨져 있다.

드라마 「파리의 연인」의 주인공 강태영(김정은)은 자동차 재벌 2세인 한기주(박신양)가 고용한 가정부였다. 「내 이름은 김삼순」의 제빵사 김삼순(김선아)은 가족과 함께 사는 집이 담보로 잡히면서 호텔 상속자 현진헌(현빈)과 오천만 원짜리 위장 연애 계약을 맺는다. 「파스타」에서 3년째 주방 '시다바리' 신세를 면치 못하는 서유경(공효진)은 셰프 최현욱(이선균)이 지배하는 고압적인 주방에서 어떻게든 실력을 키우고 싶다. 「커피프린스 1호점」의 고은찬(윤은혜)은 떼어먹힌 월급을 만회하기 위해 최한결(공유)이 운영하는 카페 '커피 프린스'에 취업한다.

이제 우리는 지난 시대를 풍미한 이 드라마들의 공통점을 꽤 명확히 볼 수 있게 되었다. 고용주와 피고용인 간의 위계, 혹은 빈부격차에 의한 계급 낙차는 그들의 로맨스를 가능하게 하는 핵심 조건이다. 여주인공의 경제적 위기나 커리어를 향한 열망은 나쁜 남자로부터 달아나는 것을 일단 보류시킨다. 이것이 낭만적인 러브스토리가 되려면 권력 낙차는 반드시 은폐되어야 한다. 그래서 제법 대등하게 옥신각신하는 재벌남과 평민녀는 '싸우다 정 든다'는 식으로 애정전선을 형성하며, 사랑에 빠짐으로써 마침내 신분을 초월한 평등을 이룩한다. 두려운 남자는 나를 사랑하면 가장 안전한 남자가 된다는 환상을 전파하면서.

위계 로맨스의 유행이 대중 일반의 성인지 감수성 퇴보에 기여한 바를 부정하기는 어려울 것이다. 여성 하급자가 남성 상급자에게 가질 수 있는 존경·애착·동경·경외 등 다양한 감정을 이성애로 납작하게 눌러놓은 위계 로맨스는 권력의 긴장을 읽어내는 독자의 근육을 이완시켰다. 아직도 어떤 사람들은 위계에 의한 성폭력이라는 개념을 좀처럼 이해하지 못한다. 이성관계가 모든 사회적 조건이 초기화되는 원시 자연에서 이루어지는양 취급한다. 그러나 남녀관계의 저변에 흐르는 권력, 나아가 젠더권력을 의식하지 않는다면 성폭력은 영원히 여성 개인의 판단력이나 자제력을 탓해야 할 문제로 남겨질 뿐이다. 여성의 경험담을 '자기 팔자 자기가 꼰' 여자의 '자기 얼굴에 침 뱉기'라 백안시할수록 피해자의 말은 밖으로 나오기 어렵다.

학대를 더는 감당하기 어려운 처지에 이르렀을 때 루는 무기력에 빠진 상태였다. 루는 데이트 폭력 신고가 진지하게 접수되지 않을 것도, 피해 진술을 의심하는 사람들과 싸워야 한다는 것도, 가해자 고발이 루를 비난하는 추문으로 돌아올 것도 예상하고 있다. 그는 사전에 모든 여지를 차단하고 현장에서 격렬하게 항거한 '완벽한 피해자'가 아니기 때문에. '싫은데 왜 했느냐'라는, '알면서 왜 만났느냐'라는 추궁을 당하기 가장 좋은 피해자이므로. 루는 죽음 직전에 이르러서야 겨우 얼굴 없는 남자에게서 벗어나지만,

이 탈출도 완전하지는 않다. 그는 회상으로, 망상으로, 환각으로 그리고 마침내 실체로 루의 일상에 침입한다. 루는 혼자서 이 모든 일들을 헤쳐나가려 한다.

내가 했던 게 진짜 섹스일까

「소설」은 데이트 폭력 이후의 이야기다. 외상 후 스트레스 장애(PTSD)에 시달리고 있는 루는 전환점을 만들기 위해 다각도로 노력한다. 그는 은사의 소개로 알게 된 선명화 숲을 찾아가고, 선명화 숲 내의 대안 공동체를 만나며 정화를 시도한다. 숲 공동체에서 길러진 남자아이 '선'을 위탁하여 돌보는 것으로 의미를 찾아보려고도 한다. 얼굴 없는 남자가 가둬놓았던 몸의 쾌락을 다시 탐색한다. 자위도 좋다. 랜덤채팅 폰 섹스는 간편하고 안전하지만, 남자들의 '더티 토크'는 신물이 난다. 그런 그에게 대시해오는 새로운 남자가 있다. 자원봉사 행사에서 만난 도명이다.

공무원 시험 준비생이라는 도명은 평균의 한국 남자다. 그는 고성을 지르거나 폭력을 휘두르지는 않는다. 변태 성욕자도 아니다. 하지만 도명의 방에 숨겨진 불법 촬영기기

「소설」 4화 '대설' 중에서

가 있는지 체크하고, 관계 전 도명이 콘돔을 제대로 끼우는지 감시하고, 관계 후 콘돔에 구멍은 없었는지 확인하는 쪽은 루다. 성 접촉으로 인한 질염 치료와 관리 비용도 루의 몫이다. 산부인과에 동행하겠다고 나설 줄도 아는 도명은 제법 안전한 남자 행세를 하지만, 자궁경부암 백신은 결국 그에게 남의 얘기다.

가장 큰 문제는 삽입 섹스다. 얼굴 없는 남자를 위한 구강성교와 그의 일방적인 자위로 엄격히 통제된 성행위 경험은 루에게 트라우마를 남겼다. 루는 삽입 섹스를 두려워한다. 그러나 도명이 가장 애타게 원하는 것이 바로 그 삽입 섹스다. 루는 나아지지 않는 성교통과 비참한 기분만을 남기는 삽입 섹스에 응한다. 실망하고, 애걸복걸하고, 상처받고, 분노하는, 그야말로 삽입을 위해 갖은 '생 쇼'를 하는 도명이 거추장스러워서다. 헤어지자는 말이 목 끝까지 차오른 날에도 루는 도명의 집에 가고, 밥도 해주고, 섹스도 한다. 막 시험에 떨어진 도명을 차버리는 것은 너무 잔인하다고 생각하기 때문에.

이것은 루만의 이야기가 아니다. 세계의 수많은 여성이 내키지 않는 섹스, 오르가슴이 없는 섹스에 참여한다. 남녀의 오르가슴 연기(fake orgasm)에 관한 연구와 설문조사는 늘 유의미한 젠더 격차를 도출해낸다. 많은 학자, 작가, 언론인이 왜 유독 여성에게서 오르가슴 연기가 월등한 빈도로 나타나는지 탐구해왔다. 여성이라면 경험적으로 알 법한 문제가 그들에게는 꽤 미스터리인 모양이다.

이 슬픈 연극은 여성의 섹슈얼리티를 향한 모순된 요구로부터 출발한다. 여성이 남성에게 '처녀'라는 최고의 선물을 안기기를, 성적 쾌락을 남성기에 의존하기를 요구하는 사회의 성교육은 여성의 성을 은폐한다. 이 유폐된 성 밖에는 당장 문을 개방하라는, '그' 처녀를 내게 달라고 항의하는 남성 시위대가 진을 치고 있다. 그러나 여성기를 질과 포궁(자궁)과 나팔관이 연결된 단면도로 배운 여자도, 쾌락을 알려주겠다며 포르노를 여성의 육체에서 재현하려 하는 남자도, 누구도 여성의 몸이 무엇인지 모른다. 그래서 섹스는 두 주인공이 각자 맡은 바를 수행하는 역할극이 되곤 하는 것이다.

루는 도명과의 만남으로 '평범한 남자'와 하는 '평균의 섹스'를 의심하기 시작한다. 삽입 섹스를 지양하고 싶다는 루에게 도명은 엄청난 것을 빼앗긴 듯이 그런 건 섹스가 아니라고 소리친다. 루는 질 오르가슴을 느낄 수 있는 여성이 전체의 19%뿐이라는 통계를 확인하지만, 도명은 이 주제에 적극적으로 귀를 닫는다. 그는 루도 익숙해지면 삽입 섹스를 즐기게 될 거라 굳게 믿고 있다. 많은 남자가 도명처럼 남성기를 신봉한다. 남성기가 삽입만으로 여성을 쾌락에 눈뜨게 하는 기적의 물건이라도 되는 것처럼 말이다. 성별 오르가슴 격차를 다룬 많은 글이 예사롭게 여성의 성불감증에 표적을 돌리는 촌극을 보라. 별 볼 일 없는 남성기란 존재하지 않는 세계관에서 실패한 섹스의 원인은 여성의 성기능 장애뿐이다.

이 유치한 남성기 신화로 인해 섹스는 남성기가 지휘하는 공간이 되었다. 도명이 말하는 '진짜 섹스', 즉 삽입 섹스는 남성기의 사정으로 종료된다. 남성기 중심의 섹스 언어는 클리토리스 오르가슴을 전희로, 삽입 섹스 외 섹스는 유사 성행위로 주변화한다. 여성에게 쾌락을 주는, 여성을 임신의 공포로부터 해방시키는 섹스는 그들에게 가짜 섹스다. 남성기의 삽입이 섹스의 본령으로 올라설수록 자위와 섹스와 강간의 경계는 희미해졌다. 쾌락을 느끼지 못하는 여성기에 남성기를 삽입하는 행위는 섹스인가, 자위인가? 중추 신경 마비제('물뽕')로 인사불성이 된 여성기에 남성기를 삽입하는 행위는 섹스인가, 자위인가, 강간인가? 분명한 것은 이 모두를 섹스라 부르고 싶어 하는 남자들이 아주 많다는 것이다. 루가 의지에 반한 삽입 섹스를 강간에 비유하자 "말로 사람 죽인다"며 광분하는 도명도 그중 하나다.

여자들이 오르가슴 연기를 하는 이유는 단순하다. 섹스가 즐겁지 않았다는 말은 남성기에 대한 모욕이고, 그런 모욕은 금지되어 있다는 것을 알기 때문이다. 여자들은 '고지'의 문턱에서 남성의 욕구를 좌절시키면, 그토록 자랑스러운 남성기에 창피를 주면, '쓸 만한 남자'라는 확인증을 떼어 가려는 남자의 시도를 방해하면 남자를 미치도록 화나게 할 수 있다는 사실을 본능적으로 안다. 단 둘뿐인 밀폐된 장소에서, 옷도 갖춰 입지 않은 무방비 상태로 그런 짓을 했다간 아주 위험해질 수 있다는 것도. 오르가슴이 보장되지 않은 섹스를 즐기기 위해 '교감하는 느낌'이나 '사랑받는 느낌' 같은 정서적 가치를 어떻게든 발굴해내야 하는 여자들의 처지는 눈물겹다. 남성에게 쾌락을 제공하는 행위만으로 쾌락을 느끼는 이타적 존재라니! 이것은 섹스가 아니다. 남성을 달래고, 위로하고, 회복시키는 노역이다. 그리고 여성을 이런 일에 자발적·비자발적으로 참여시키는 것이 바로 젠더권력이다.

한남과의 사랑 가능한가 6

 페미니즘 웨이브는 웹툰에 변화의 바람을 불어넣었다. 최소한 우리는 불법촬영 신 밑에 작은 글씨로 덧붙은 '몰카는 범죄'라는 경고문과, 동의하지 않은 신체적 접촉이 불쾌하다고 표현하는 여주인공을 흔히 볼 수 있게 되었다. '무해남'은 '2D남친'의 새로운 적격자로 부상했다. 「간 떨어지는 동거」 「악마와 계약연애」 「우리 오빠는 아이돌」 등 재력·권력·능력의 위계를 바탕으로 로맨스를 쌓아가는 웹툰에서도 주인공 간의 안전한 거리를 확보하려는 노력이 두드러진다. 「유미의 세포들」의 히트는 이 새로운 조류의 마중물이었을 것이다. 여성의 심리를 읽고 예측하여 행동하는 유바비는 '똥차' 구웅을 밀어내면서 '이상적인 남친'의 모범으로 등극했다.

 그러나 이제는 유미와 유바비가 재현하는 완벽한 연애 판타지에도 균열의 조짐이 보인다. 「유미의 세포들」은 한국식 연애 문화의 규율을 바탕으로 일어날 법한 상황 게임의 형식을 취하고 있다. 두 사람이 '정답이 있는' 퀴즈를 풀어나가는 가운데 성역할 규범에 더욱 충실해야 하는 쪽은 유미다. 유미는 갑작스러운 데이트 신청을 받으면 '세수 세포'를 소환해 "15분 안에 안 꾸민 듯 꾸민 자연미인"이 되어야 하고, 예비 시아버지의 마음을 사로잡기 위해 예의력이 300% 상승한 "예절 뿜뿜 유미"로 변신해야 한다. 연애가 안정권에 접어든 뒤 유미는 유바비의 프러포즈를 애타게 기다린다. 그러나 작품은 유미가 결혼이라는 선택을 두고 고민할 법한 현실에는 다소 무관심하다. 자영업자인 유바비가 '바비분식'에 묶여 있는 동안, 출산과 육아를 거치게 되리라 예상되는 유미의 미래에 전업 소설가의 커리어는 얼만큼이나 보장되어 있을까?

'안전 이별'과 '탈연애'가 화두인 시대다. 남녀가 정의하는 사랑의 모양은 이미 너무 달라져버렸다. 여성혐오의 혐의를 벗고 싶은 남성은 '나는 여자를 좋아한다'를 결백의 증거로 내세우고, "왜 안 만나줘"라는 남성의 포효는 여성 폭행과 살인의 동기로 수없이 인용된다.7 한때 '리벤지 포르노'라 불렸던, 동의/비동의에 의한 연인 간 성관계 촬영물의 보복성 유포는 연애가 안전한 공간이라는 여성의 신뢰를 무너뜨렸다.

2018년 11월 경찰은 남초 커뮤니티 '일간베스트'를 압수수색했다. 사이트 유저들이 현재 연인관계거나 과거에 연인관계였던 여성을 불법촬영한 사진을 게재하고 추천 경쟁을 벌인 사건 때문이었다. 불법촬영물의 노출 수위가 높을수록 추천 수가 높아지고, 추천 수가 높을수록 작성자가 명예로워지는 이 끔찍한 놀이는 '여친 인증' 대란이라 불리고 있었다. 그들에게 여성의 섹슈얼리티는 남성이 젠더권력을 확인하는 파워게임의 장이자, 남성 연대를 단합시키는 단체 스포츠의 장일 뿐이리라.

「소설」의 고장 난 인물들은 이 고장 난 사회를 반영하는 증상이다. 얼굴 없는 남자는 루 말고도 '위로'용 여자들을 요일별로 수집했다. 그중에는 학대에 중독된 호스티스도, 그루밍 성폭력 수법에 현혹된 여고생도 있다. 루의 구원자 콤플렉스는 자기학대의 욕망과 뒤섞여 있다. 학창 시절부터 우울증을 앓았으나 누구에게도 구조를 요청할 수 없어 스스로를 방치해온 루는 얼굴 없는 남자를 만나면서 자기를 적극적으로 파괴한다(아마 다른 여자들에게도 비슷한 사연이 있을 것이다). 조절할 수 없는 스트레스를 자기학대의 에너지로 수렴시키는 여성 캐릭터와는 달리, 억압을 경험한 남성 캐릭터는 학대의 주체가 된다. 얼굴 없는 남자도, 도명도, 루가 '선'을 위탁하면서 관찰하게 된 대안학교의 학교폭력 가해자도, 알고 보면 학대 경험이 있는 불행한 자들이다.

상처받은 여자는 소멸되고 싶어 하고 상처받은 남자는 파괴하고 싶어 한다. 아픈 여자는 망가지고 싶어 하고 아픈 남자는 망가뜨리고 싶어 한다. 나쁜 남자를 만나는 여자가 사라지지 않는다면 그것은 나쁜 남자가 매력적이거나 그런 사랑이 스펙터클해서가 아니라 이 상반된 방향성 때문이다. 루가 이 세상에서 사라지고 싶은 욕망보다 가해자를 파괴하고 싶은 충동에 사로잡히면서 「소설」은 점점 더 흥미로워진다. 얼굴 없는 남자와 헤어진 이후로 꿈틀거리기 시작한 살의는 도명과의 만남을 계기로 발화한다. 도명과의 마지막 성행위가 끝나고 루는 식칼을 든다. 그는 자고 있는 도명의 옆자리에 식칼을 꽂는다. 그리고 그 자리를 뛰쳐나온다.

이제 루는 이 화를 다스릴 방법을 찾아야 하고, 그 첫 발걸음을 막 떼었다. 그는 타인을 통해 스스로를 치유할 수 없음을 깨닫고 자신을 들여다보려 한다. 시작은 분노하는 방법을 아는 것, 그리고 분노를 발산해보는 것이다. 그리고 남성이 페미니즘을 불쾌해하는 이유가 바로 여기 있다. 페미니즘은 여성이 이전까지는 어떻게 다뤄야 할지 몰랐던, 그래서 자기 자신을 처벌의 표적으로 삼고 말았던 분노의 감각을 일깨워 '그 방향이 아니'라고 말해주기 때문이다. 남자들이 불쾌해하거나 말거나, 아니, 불쾌하다는 남자들의 목소리가 커질수록 자기가 지키고 있던 자리에 칼을 꽂고 나오는 여자들은 더 많아질 것이다. 나쁜 남자의 사연을 들으며 그들의 슬픔을 이해하던 시대가 끝나는 소리가 들려오고 있다.

주

1 영화 「나쁜 남자」는 극장가에서 약 70만 관객을 동원했다. 같은 해 개봉 영화 가운데 최고 흥행작이었던 「가문의 영광 1」의 관객 기록은 504만이다.

2 2000년대 초반 인터넷 소설 작가 '귀여니'의 「그놈은 멋있었다」와 「늑대의 유혹」 등이 크게 인기를 끌면서 여주인공이 학교폭력 가해 남성(일진)과 사귀는 학원 로맨스물이 유행했다.

3 연인 간 발생하는 물리적·비물리적 위협이나 폭력.

4 의심, 부정, 경시, 무시 등을 통해 상대방의 현실 인지 능력을 교란시켜 관계상의 지배력을 키우는 심리적 조종 수법을 일컫는다. 미국의 연극 「가스등」(Gas Light, 1938)에서 유래한 개념으로, 극중 남편은 의도적으로 가스등의 조도를 낮추고 부인이 어두워진 집안에 대해 불평할 때마다 그것이 아내의 상상일 뿐이라고 부인한다.

5 긍정적인 정서적 교류를 통해 피해자를 길들인 뒤 피해자의 호감, 신뢰, 의존 상태를 성범죄 환경으로 이용하는 수법을 말한다.

6 여성학자 정희진이 2017년 3월 페미니즘 멀티 카페 '두잉'에서 진행한 특강 제목 '한남과의 사랑 가능한가?'를 인용했다.

7 포털 사이트 네이버 데이터베이스에서 "왜 안 만나줘"를 페미사이드의 범행 동기로 표현한 인터넷 기사 가운데 가장 오래된 뉴스는 「"왜 안 만나줘" 여자친구 불고문」(동아닷컴, 2006.3.2.)이다. 2000년대 중후반만 해도 1년에 한두 건 빈도로 출현하던 헤드라인 문구를 이제는 한 달에 몇 건씩 볼 수 있게 되었다.

헬조선이냐 탈조선이냐

경선 「데일리 프랑스」(2018~)

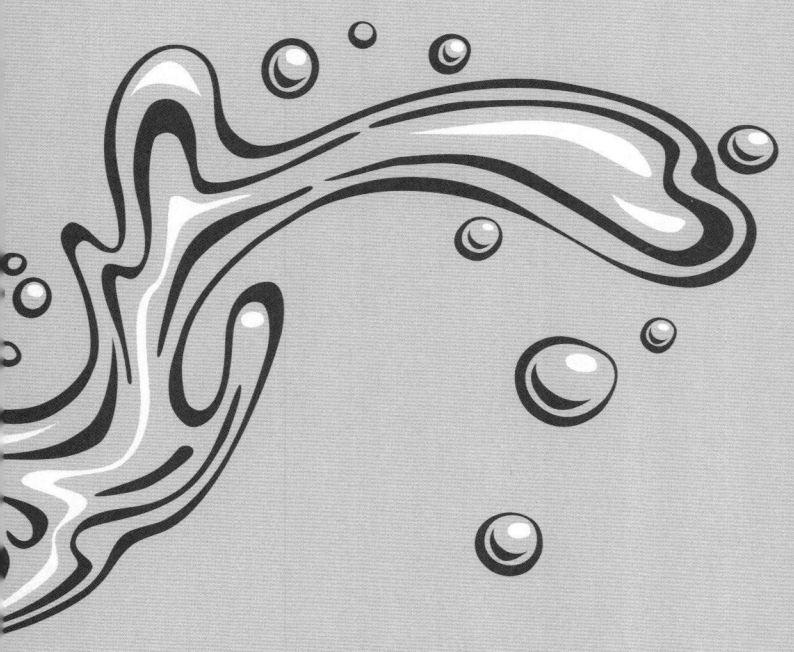

갓양남의 탄생과 죽음

 아무리 허접해 보이는 구식 무기라도 시대와 상황에 따라서는 요긴한 법이다. 이제는 어떤 페미니스트도 쓰지 않는 사어가 되어버린 '갓양남'에도 한때는 나름의 효능이 있었다. 갓양남이라는 말에는 선택의 주체가 되겠다는 여자들의 의지가 반영되어 있었다. 그것은 여성을 '김치녀' '스시녀' '대륙녀' '백마' 등 국적과 피부색으로 분류하며 품평해온 남성 문화의 거울이었고, "어차피 한국 남자랑 결혼하고 애 낳을 여자들"이라며 이죽대는 안티페미니스트에게 끼얹을 찬물이었으며, 타 인종 남성과 교제하는 한국 여성을 백안시하던 슬럿 셰이밍slut shaming에 보내는 작별 인사였다. 갓양남을 '올려칠'수록 한국 남자는 열등해 보였고, 양자 간의 극적인 대비 효과는 해방감을 실어 올렸다. 그 해방감의 유통기한은 예상보다 훨씬 짧았지만.

백인 남자를 이용하겠다던 메갈리아 초기 페미니스트들의 기획은 지나치게 낙관적이었다. 갓양남론은 '한국 남자는 왜 안 되는가'에서 '왜 갓양남인가'로 무게중심을 옮기며 특이점을 맞았다. 미디어에 노출된 백인 남자의 개념 발언, 백인 남성과의 국제연애 '썰', 백인 남성 연예인 '영업 글'이 갓양남론에 흡수되면서 개중에는 제법 진지하게 희망을 찾으려는 이들이 생겨났다. 젠틀하고 스윗한 애티튜드, 탈한국적 피지컬, 진보한 젠더 감수성을 과시하리라 믿어지는 갓양남은 로맨틱한 관계의 대체재로 거듭났다. 그 표준형은 물론 '선진' 문화의 세례를 받은 백인 남성이었다.

백인 남성의 특권을 경계하지 않은 갓양남론은 기존의 백인 선망과 구분할 수 없는 방식으로 전개되었다. 실로 이런 것들은 쭉 인기가 좋았다. 한국 여자 '펭귄'과 영국 남자 '메브'의 커플 일상툰 「펭귄 러브스 메브」의 성공 요인을 따져볼 때면 나는 언제나 같은 질문을 하게 된다. 메브가 금발 벽안 영국 남자가 아니라, 한국인이 줄곧 차별하는 국가 출신의 유색인종 남성이었다면 무엇이 달라졌을까? 「펭귄 러브스 메브」가 여초 커뮤니티에서 입소문을 타기 시작한 시점을 기억한다. 살짝 어눌해서 더욱 무해해 보이는 메브의 실물은 초기 독자들의 주요 관심사였다. 작가의 블로 그에는 종종 메브의 외모를 가늠할 수 있는 사진이 올라왔고, 그 단서가 '영국 훈남' 판타지에 근접할수록 작품의 주가도 올라갔다. 의도한 바는 아니었을지라도 작품 외재적 화학작용의 결과는 그랬다는 말이다.

그러나 백인 선망이 멍청한 여자들의 문제라는 조롱은 틀렸다. 우리는 「비정상회담」의 백인 남성 패널이 준연예인으로 활동하고, 백인 유튜버가 '낯설고 기이한' 한식에 도전해 스타가 되는 시대를 막 지나왔을 뿐이었다. 한국에 근거지를 둔 백인 남성은 너무나 쉽게 성공의 급행열차에 탑승한다. 그들은 한국 문화 체험 콘텐츠를 한국인에게 되팔고 백인 지인 게스트를 초대해 채널의 수명을 연장시킨다. 이 성공 모델을 참조해 또다른 백인 남자가 한국 유튜브 시장에 뛰어든다. 「비정상회담」의 히트는 「어서와~ 한국은 처음이지?」나 「내 친구의 집은 어디인가」 등 유사 프로그램을 양산했다. 이 같은 콘텐츠는 흔히 '외국인 관찰 프로그램'이라고 명명되지만, 그 흥행의 배경에는 '한국인의 눈으로 외국인을 관찰하고 싶은 욕망'과 '외국인의 눈으로 한국인을 관찰하고 싶은 욕망'이 포개져 있다. 한국인은 외국인을 바라보는 것도 좋아하지만, 외국인에게 '우리'가 어떻게 보이는지 듣는 것은 더 좋아한다. 그리고 한국인을 위한 한국

Daily France

출처 봄툰 「데일리 프랑스」
작가 경선

리뷰는 백인 남자의 목소리를 거칠 때 가장 귀담아들을 만한 고견이 된다.

비혼과 비출산이 주요 어젠다로 부상하면서 갓양남은 사실상 페미니즘과 관계없는 이야기로 떨어져나갔다. 서구의 남성 유명인사가 가해자로 지목된 성폭력 사건들, 미투 운동을 깎아내리거나 부정하는 남성 관계자들의 인터뷰는 그 몰락에 박차를 가했다. 구시대의 분기점이 되기보다 구시대를 연장하고 있었던 갓양남론은 어차피 필연적으로 폐기되어야 할 전술이었다. 『82년생 김지영』을 읽은 여자 아이돌이 해명문을 요구받고, 페미니스트 여성 창작자들이 사이버불링에 시달리고, 여성 시민이 얼굴을 가리고 시위에 참여하는 한국에서 '유니콘남' 찬양이 다 무슨 소용이란 말인가.

이방인이 된다는 것

이사를 준비하며 살던 집을 내놨다. 집을 보러 오겠다던 사람들이 약속 시간에 맞춰 문을 두드렸다. 문 밖에는 백인 커플이 서 있었다. 그들은 내가 미처 입을 떼기도 전에 재빠르게 인사를 건넸다. "니하오!" 목소리는 한없이 경쾌했고 미소에는 호의가 가득했다. 그러나 내 입에서는 나도 모르게 "안녕하세요" 대신 "중국인 아닌데요"가 튀어나갔다. 어색한 정적이 흘렀다. 커플은 어리둥절하다는 눈빛을 주고받았다. 마치 '니하오'가 틀렸다고 말대꾸하는 동양인을 처음 본 것처럼.

'니하오'로 엄습한 불쾌감의 정체는 그 상황을 몇 번이나 리바이벌하고 나서야 밝혀졌다. 나는 어떤 예감에 사로잡혔던 것이다. 내가 평생을 호주에 머문다 해도 이 피부색, 머리카락, 눈 모양을 가진 한 이방인으로 규정되리라는 예감. 나의 동양인 아이는 국제결혼 부부 사이에 태어났고 중국어도 배우지 않을 테지만, 그래도 누군가는 여전히 그에게 '니하오'를 외치리라는 예감. 그래서 우리는 호주인도, 한국인도, 중국인도 아닌 어떤 동양인이 되어 서클 밖으로 끌어당겨지리라는 예감.

내가 '니하오'의 기저에서 건져낸 그 예감을 모두에게 완전히 이해받을 수는 없을 것이다. 동양인조차 "중국인으로 보이는 게 기분 나쁜 거야?"라고 질문하거나 "친근감을 표현하려는 의도니까 상관없지 않아?"라고 반박하는 것이 '니하오'의 불쾌감이니까. 그런 종류의 차별이 있다. 너무

사소하고 미묘해서 당하는 사람조차 혼란에 빠뜨리는 차별. 그것이 차별이라는 사회적 합의가 이루어지지 않아서, 한 사람 한 사람 붙잡고 맨주먹으로 설득하는 단계부터 너무 많은 에너지가 소모되기 때문에 동의 구하기를 포기하게 되는 차별 말이다.

나의 인종차별 피해 경험 타임라인은 '니하오'를 기원으로 삼아 작성되기 시작했다. 이민자의 나라, 다문화(multicultural) 사회라는 호주에 건너온 지 8개월 만이었다. 이때까지 나는 단 한 번도 차별당한 적이 없었던 걸까? 그럴 리가 없다. '니하오'는 내가 최초로 기억한 차별의 순간이었을 뿐이다. 그 백인 커플을 만난 이후 인종차별에 대한 나의 감각은 재조직되었고, 나는 그제서야 얼마나 많은 차별 행위가 나를 통과해갔을지 상상해볼 수 있었다. 일상처럼 내 삶에 스며들어 있지만 '칭챙총'이나 '눈 찢기(making chinky-eyes)'만큼 명백하지는 않은 차별을 나는 분별해내지 못했던 것이다.

작가 경선의 프랑스 유학 생활기를 기록한 자전적 웹툰 「데일리 프랑스」에는 이런 장면이 나온다. 마트 계산 줄에 서 있던 주인공(경선)은 캐셔 직원의 이상 행동을 감지한다. 고객들과 일상적인 인사말을 주고받던 직원은 경선의 차례가 되자 말없이 물건만 스캔한다. 몇 마디를 연달아 무시당하고 의아해하며 자리를 떠나기 직전, 경선은 아무 일 없었다는 듯 다음 프랑스인에게 인사를 건네는 직원을 발견한다. 경선은 그를 붙잡는다. "안녕히 계세요." 직원은 돌아보는 시늉도 않는다. 조금 더 격앙된 태도로 다시 인사를 건넨다. "안녕히 계세요!" 그렇게 경선은 "안녕히 가세요"라는 대답을 억지로 받아낸다.

「데일리 프랑스」 2화 '가벼움'에 실린 이 에피소드를 보며, 믿을 수 없게도 나는 이 이야기가 내 이야기라고 인지하는 데 한동안 실패했다. 나의 경험과 웹툰으로도 부족해서, 웹툰에 공감하는 독자들의 유사 사례까지 읽고 나서야 나는 허공에 흩어져버린 수많은 인사를 떠올려낼 수 있었다. 백인 공동체를 열심히 엿보며 숙지했던 '이웃의 규칙'들은 때때로 나에게 통하지 않는 것처럼 보였다. 이 '응답받지 못했음'이 주는 위화감에 대해, 나는 '니하오'의 의미를 더듬더듬 설명할 수 있게 된 후로도 오랫동안 판단을 유보해왔다. 그것은 단순한 우연이나 착각 같기도 했다. 내 목소리가 너무 작았나봐, '백인답게' 능숙하지 않아 그랬는지 몰라. 이웃의 무례에 핑계를 붙여주려면 이웃과 어울리지 못한 나를 비판해야 했다. 그 편이 이성적으로 보였다. 이것이 한 무리의 사람들을 연결하는 집단적 경험이라고 확신할 수 없던 시절에는. 이는 달리 말하면, 그 '확신'이 생길 때까지는 나조차 나의 감각을 의심하고 부정하게 된다는 것이다.

차별에 대처하는 자세

나중에 알게 되었지만, 이 문제의식에도 개념화된 이름이 있었다. 마이크로어그레션microaggression이라고 했다. 사회적 소수 집단에 일상적으로 가해지는 언어적·비언어적 차별을 일컫는 마이크로어그레션은 '무의식적'이고 '의도치 않은' 행위를 포함한다. 그것은 마트 계산원의 무시처럼 비언어적인 형태로 나타날 수도 있고, 백인 커플의 '니하오'처럼 선의에서 출발했을 수도 있다. '동양인은 친절하다'라거나 '동양인은 날씬하다'라는 잘못된 명제처럼 수용자에게 칭찬으로 받아들이라는 압력을 가하는 형태일 수도 있다.

나는 지금도 마이크로어그레션을 식별하는 데 상당한 시간을 쏟는다. 쇼핑몰에서, 음식점에서, 공항에서 나에게 유아동을 훈육하는 말투를 쓰거나 나를 투명인간 취급하는 상대가 레이시스트인지 일반적 무뢰배인지 파악하려면 부가적인 노력이 뒤따른다. 나는 비정상적 상황을 감지하고 상대방의 액션을 해석한다. 그들이 나를 차별하는 속도는 너무 빨라서 상황은 순식간에 종료된다. 그래도 나는 자리를 떠나지 않고 몇 초, 때로는 몇 분 더 그들을 관찰한다. 그들이 백인에게는 스몰토크와 유머를 나눌 줄 아는 '진정한 이웃'인지 알고 싶기 때문이다. 내 직감이 옳았음을 확인하고 나는 발걸음을 돌린다. 그들이 부정하면 그만인 '그깟 일'에 한 발 늦게 항의해봐야 나만 바보가 되겠지 회의하면서.

누구도 부정할 수 없이 노골적인 차별의 사례는 어떨까? 길거리에서 유아차를 미는 나를 향해 엉터리 중국어 흉내를 내며 야유하던 백인 남자와 마주친 적이 있다. 몇 초 사이에 수십 가지 계산이 뇌리를 스쳤다. 백인인 그와 동양인인 나, 남성인 그와 여성인 나, '진짜 호주 시민'인 그와 이주민인 나, 잃을 것이 없어 보이는 그와 아이를 보호해야 하는 나, 수많은 관계 속 힘의 격차를 저울에 달아본다. 내가 덩치 큰 동양인 남성이었다면 무엇이 달랐을지 상상한다. 반격하지 않고 자리를 피하는 나의 모습이 이민가족 2세로 살아가야 할 아이에게 어떤 영향을 끼칠지 시나리오를 쓴다. 일련의 과정은 나의 시간과 정신적 자원을 조금씩, 꾸준히 갉아먹는다.

 나는 종종 차별주의자를 진지하게 상대할 필요 없다는 위로를 듣는다. 그 분노의 에너지를 아껴서 더 '생산적인' 일에 투자하면 종국에는 나의 승리가 되리라는, 그런 희망을 포기하지 않은 사람들이 아직 세상에는 더 많은 것 같다. 그럼에도 나는 이 피로한 작업을 계속하기로 했다. 가장 작은 신호도 놓치지 않고 정확하게 기록하고 싶기 때문이다. 충분히 말해지지 않은 것은 더 많이 말해져야 한다. 파편화된 인상을 언어로 사고할 때, 그제서야 우리는 우리에게 무슨 일이 일어나고 있는지 알 수 있다. 한국의 넷페미들이 폭발적인 '말하기'를 통해 여성혐오를 발견해냈던 것처럼.

 "프랑스의 멋진 거리를 걸으며 노천 카페에서 커피와 크루아상을 먹는" 낭만적 프랑스 유학기는 아니라고 초장부터 못박는 「데일리 프랑스」에는 낭만보다 더 중요한 것이 있다. 바로 이 '말하기'다. 대학 졸업을 앞두고 프랑스 예술학교에 지원하면서 덜컥 시작된 경선의 프랑스 생활은 '환멸대잔치'다. '서울 촌사람'에서 한국인 유학생으로 변경된 삶의 좌표는 지진처럼 균열을 몰고 온다. 돈, 생활, 언어, 사람, 인종차별, 인종차별과 결합된 서양식 성차별까지. 혼자만의 비밀 장소에 묻고 치워버리기 쉬운 창피하고, 화나고, 무섭고, 우울한 기억들을 경선은 무시하지 않는다. 오히려 수필처럼 담담하게 적어내린다. 그리고 나는 그의 말하기를 통해 한국을 떠난 한국 여자들, 한국에 돌아온 한국 여자들, 그리고 호주에 사는 한국 여자인 나를 연결한다.

흰 벽과 노란 여자

경선은 망가진 겉창을 고치고 싶다. 남자 수리공이 원룸에 찾아온다. 수리를 끝낸 그는 손을 씻더니 별안간 대문을 닫는다. 단 둘뿐인 방 안에서 그는 경선이 내야 할 겉창 수리비를 면제해주겠다고 선심 쓰듯 말한다. 경선은 아직 영문을 모른다. 그는 "아가씨가 서비스를 좀 해주면" 된다며 침대에 걸터앉는다. "이렇게 예쁜데 왜 돈을 내려고 하냐"면서 경선의 위팔을 감싸 안는다.

이 공포의 순간을 복기하는 「데일리 프랑스」 8화와 9화의 소제목은 '흰 벽'이다. 흰 벽이라는 비유는 다층적으로 읽힌다. 흰 벽은 경선의 침대를 차지하고 앉은 남자의 거대한 몸집이다. 또한 애원하듯 수리인을 돌려보낸 경선이 분을 삭이지 못해 아령으로 찍어버린 '남의 집' 벽이다. 불현듯 현실 감각을 회복한 경선은 점토와 아크릴 물감으로 부서진 벽을 메운다. 작은 분노의 흔적 따위는 금세 지워지고 마는 흰 벽은 들끓는 인종차별과 성차별 문제를 자유·박애·평등이라는 대외적 구호로 봉합해놓은 프랑스 사회를 닮았다.

활동 반경이 넓어질수록, 일상이 깊어질수록 두터워지는 이 흰 벽은 대체로 백인 남성의 몸으로 현현한다. 어떤 카페에는 경선의 커피 값을 일방적으로 계산한 남자가 있다. 경선에게 다가와 대화를 시도하던 그 남자는 경선의 남자 일행이 테이블에 도착하자 머쓱하게 자리를 뜬다. 자초지종을 들은 남자 일행의 감상은 놀라울 만큼 무신경하다. "아시아 여자로 사는 삶은 편하구나." 아시아 여자에게 공짜 커피를 먹이는 백인 남자와 아시아 여자가 마신 공짜 커피를 부러워하는 백인 남자 사이에서 경선은 바로 그 아시아 여자를 맡았다.

프랑스의 길거리는 경선이 이 '아시아 여자'의 지위를 반복적으로 확인하는 공간이다. 경선에게 "몸도 파시나요?"라고 묻던 백인 남자도, 슬그머니 호텔 식사를 제안하던 백인

할아버지도 길에서 만났다. 인종차별과 캣콜링이 난무하는 그곳에서, 아이러니하게도 길 잃은 서양인들의 도움 요청 또한 쇄도한다. 경선은 수많은 행인 가운데 굳이 '뉴비' 아시안인 자신이 조력자로 지목되는 이유가 궁금하다. 이에 대꾸하는 백인 남자 지인의 농담 섞인 한 마디는 의외로 진실에 근접해 있다. "'친절한 아시아 여자애'처럼 보여서 그런 것 아니야?"

인종차별주의자들은 동양인도 자신과 같은 개성적 인격체라고는 상상조차 할 수 없다는 듯이 군다. 아시아에서 왔으므로 반드시 아시아적이어야 하는 아시아 사람은 '아시아 문화'와 동일시된다. 이때 아시아 문화는 서양인이 왜곡해 만들어낸 것인 경우가 허다하다. 그들은 보고 싶은 대로 보고, 믿고 싶은 대로 믿은 내용을 '진정한' 아시아라고 주장한다(서양에서 만들어진 영화 속 동양인 캐릭터가 영원히 아니메 헤어스타일에서 벗어날 수 없는 것처럼 말이다). 아시안의 친절함을 치하하기는 쉽지만, 그들은 눈에 띄는 우호적 제스처가 약자성에서 출발한 저자세라고 상상하지는 못한다. 그리고 '아시안은 친절하다'는 마이크로어그레션의 대상이 아시안 중에서도 소수자인 여성으로 특정될 때 발생하는 비윤리적 맥락은 더더욱 상상하지 못한다.

아시안 타자화는 특히 여성의 섹슈얼리티와 결부될 때 한층 강력해진다. 어떤 비아시안 남성들은 편견으로 뽑아낸 아시아 여성의 속성에 차별적인 흥미와 선호와 집착을 보인다. 윤기 나는 검은 머리칼, 신비로운 검은 눈동자, 나이를 가늠할 수 없는 외양을 가진 이색적(exotic) 애인인 동양 여자. 순종적이고 헌신하며, 가정적이고 머리가 좋은, 한편 침실에서는 요부가 되는 근면한 와이프의 모범인 동양 여자. 옐로 피버yellow fever라는 이름으로 더 널리 알려진 아시안 페티시Asian fetish는 전통적이고 보수적인 성역할이 간직된 '미개발 구역'을 착취하려는 욕망이라는 점에서 비윤리적이다. 그리고 그 비윤리성을 동양 여성의 자발적 욕망 혹은 신념과의 호응으로 위장한다는 점에서 기만적이다.

백인 남성의 오리엔탈리즘적 섹슈얼 판타지와 가부장적 지배 욕망에 기꺼이 '봉사'할 동양 여성과 '친절한 아시아 여자애' 사이에는 유의미한 차별점이 있는가? 길거리에서 경선에게 길안내를 요청했던 이 가운데는 성적 호기심이 목적이었던 백인 남자들도 끼어 있었다. 그들은 곤경에 빠진 행인으로 가장해 경선에게 말을 건넨다. 마치 경선이 '그' 상냥한 동양 여자인지 테스트라도 하는 것처럼.

노란 여자 중에서도 K국 여자

「데일리 프랑스」의 23번째 에피소드 'BLEU'에서는 아시안 페티시의 덫에 걸린 동양 여성의 혼란을 엿볼 수 있다. 가벼운 마음으로 시작했지만, 경선이 사귀게 된 백인 남자는 좀 이상하다. 경선을 바라보며 "코도 작고 눈도 작고 머리카락도 정말 까맣다" "넌 너무 다정하고 착해" "넌 가끔 너무 연약하고 쓰러질 것 같아" 같은 감상을 늘어놓는 그는 경선이 아닌 아시아 여성의 환상체를 사랑하는 듯하다. 경선의 마음속에는 '내가?'라는 반문이 떠나지 않는다.

애정 표현의 형식을 뒤집어쓴 차별 발언에서 위험이나 모욕을 감지하는 것이 쉽지 않은 시절이었다. 그가 호기심으로 자신을 만난다는 사실을 알지만, 자신도 그와 별로 다르지 않다는 이유로 경선은 남자를 용서한다. 하지만 경선과 남자는 같을 수 없다. 그들을 본질적으로 다르게 만드는 대목이 있다. 백인 남자에게 아시아 여자는 조금 함부로 대해도 괜찮은 존재라는 것. 조금씩 선을 넘던 남자의 무례함은 마침내 물리적인 데이트 폭력으로 에스컬레이팅된다.

여기까지는 예전에도 있었고 지금도 있는 '보편적인' 아시안 페티시 이야기다. 그러나 경선은 이 에피소드를 회상하며 절대 만나지 말아야 할 남자의 조건 목록에 "한국어 배우고 싶다는 남자"를 특별히 명시한다. 그 남자는 처음부터 경선의 국적을 알아봤으므로. 한국어로 인사를 건네며 다가와 언어 교환을 빌미로 경계를 허물었으므로. 경선은 이제 그런 수법으로 한국 여자에게 접근하는 부류가 있다는 것을 안다.

극동아시아의 작은 분단국이었던 한국이 '한류의 나라'로 유명세를 떨치면서 생겨난 신유형이라 해야 할 것이다. 모두 백인 남자는 아니지만, 경선은 프랑스의 공공장소에서 한국어로 대화하는 순간 불쑥 끼어드는 현지인을 종종 마주친다. 그들은 경선이 한국인이라는 바로 그 조건에 호감을 표한다. 지하철 옆자리의 어떤 이는 아이돌 그룹 팬이 되어 익힌 한국어로 인사를 건네온다. 본인을 한국 드라마 팬으로 소개하는 '미아'는 길에서 다짜고짜 번호 교환을 요청한다. 'K국'의 높아진 위상을 실감하게 하는 이들은 아주 불쾌하거나 싫은 상대는 아니다. 한류의 수혈을 받은 친구들과 함께라면 최소한 '니하오'나 '칭챙총'은 면할 테니까. 그러나 막상 미아의 집에 초대받은 경선에게 K-엔터테인먼트 토크는 부담스럽기만 하다. 한국인이라면 당연히 알아야

「데일리 프랑스」 2화 '가벼움' 중에서

한다고 전제되는 주제들에 관해 경선은 별 배경지식이 없다.

「데일리 프랑스」에서 묘사하는 '외국인 친구' 되기의 피로감은 더 정확히 말하면, 한류의 나라에서 온 여자들에게 부여된 새로운 기능과 맞닿아 있다. 솔직히 말하면 나는 한류라는 토픽에 조금 질려버렸다. 나를 한국인으로 소개받은 국외인들은 하나같이 한국 드라마 얘기로 접점을 형성하고 싶어 한다. 그들은 나로부터 '한국 여자는 다 성형미인'이라는 소문의 진위 여부를 확인하고 싶어 한다. 나는 때때로 「비정상회담」의 원탁 한구석에 앉은 한국인 패널 역할을 맡았다고 느낀다. 내 입에서 나오는 말들은 그 어느 때보다 더 지극한 전문성을 띠고, 나는 한국을 둘러싼 거짓과 오해를 바로잡는다. 나는 내 어깨에 올려진 이 대표성이 무겁다.

한국 전문가, 한국어 교사, 한류 전도사, 한국 여행 가이드로 활약하리라 기대되는 한국 여자는 괜찮은 데이트 상대이기도 하다. 나는 자칭 한류 팬들의 대화 속에서 '한류판' 패치로 업데이트된 아시안 페티시의 냄새를 맡는다. 그들은 종종 한국 여자가 날씬하고, 잘 꾸미고, 속물이나 된장녀(high-maintenance women)가 아니고, 상냥하고, 애교가 많다고(심지어 애교는 영어권에 번역 상대어가 없어 'ae-gyo'라는 신조어로 정착했다!) 엄지를 추켜세운다. 그들은 '한국 여자는 좋은 여자'라는 상찬에 내 어깨가 으쓱해지길 기대한다.

그러나 나는 미디어가 선별한 한국 여자 이미지에 매료된 그들이 의심스럽기만 하다. 소수자 혐오를 조각보처럼 기워낸 한국의 오락 문화에 순수하게 열광하는, 심지어 국내 팬덤의 K-엔터테인먼트 산업 비판마저 적대할 만큼 맹목적으로 빠져드는 그들의 '취향'. 이것이 틀린 것이 아니라 이색적인 문화로 향유되고 있을 가능성을, 그 극단적 상대주의의 이면에 퇴행하고 싶은 욕망이 도사리고 있을 가능성을 의식하지 않을 수 없다. 나는 한국과 한국 여자의 가치를 알아봤다는 국외인들의 '호의'에 응답하기를 그만두었다. 고평가의 형식으로 여성에게 외모 및 행동 규범을 주입하는 여성혐오의 알량한 수법을 거부한다. 나는 그 누구에게도 '어떤 여자'로 평가당하고 싶지 않다.

어떻게 탈조선할 것인가

'한남'도 '양남'도 정답이 아닌 와중에도, 여전히 '현지인과 연애를 하라'거나 '결혼 이민이 제일 쉽다'는 조언이 오고 가는 곳이 한국이다. 이 해괴한 탈조선 성공 조언의 대상 청자는 대체로 한국 밖에서 분투하고 있는 여성들이다. 어떤 사람들은 아무 연고 없는 땅에 떨어져도, 충분한 생활 경험이 없어도, 회화가 일정 수준에 이르지 않아도, 커리어 플랜을 마련하지 못해도, 결속할 현지 남자만 찾으면 '다 되게 되어 있다'고 말한다. 해외 이주 한국 남성의 완충재가 한국 여성과의 결혼, 즉 '내조' 지원인 것과는 대조적이다. 세상살이에 여성 전용 '치트키'가 존재한다고 믿어 의심치 않는 이들은 모든 여성이 그 미신을 증명해 보이길 바란다. 타지에 뿌리내리는 여성이 뒤집어쓰는 리스크는 보려 하지 않은 채.

「펭귄 러브스 메브」의 결혼 생활은 비교적 성공적인 케이스다(적어도 작가가 보여주기로 선택한 삶의 모습에 의하면 그렇다). 연애, 결혼, 출산을 계기로 남성의 기반 국가로 이주하는 여성은 흔히 물리적 고립이나 심리적 고립을, 혹은 양자를 동시에 경험한다. 한국인으로서 나의 시간은 이민 온 시점에 멈춘다. 삶의 접점이 사라진 한국 친구들은 하나 둘 멀어진다. 파트너는 소셜라이징의 '거점'이다. 이주 여성은 내 친구, 내 동료, 내 가족을 만나기보다 그의 친구, 그의 동료, 그의 가족을 만난다. 복지, 의료, 교통, 주거, 통신 등 생활에 필요한 모든 지식이 초기화된다. 골치 아픈 관공서 업무를 도맡을 수도 있고, 개념 없는 서비스 업체와 싸울 수도 있는 현지인 파트너는 해결사처럼 보인다.

사람들은 이 비대칭적 관계 속에서 여성이 이득을 본다고 생각한다. 그러나 최종 승리자는 이주민 여성이 '양도'한 삶의 경험치를 먹고 눈부시게 발전한 현지인 남성이다. 이 함정을 의식할 만큼 관계가 장기화된 시점에는, 이미 모든 생활 반경에서 회복하기 어려울 만큼 격차가 벌어져 있다. 한 마디로 달아날 구멍이 없다.

이주 여성의 전방위적 고립은 인종이라는 문제, 여성이라는 문제, 언어라는 문제가 복잡하게 뒤엉킨 사건이다. 그리고 상상 이상으로 위험하다. 의존할 기반이 파트너뿐인 환경에야말로 데이트 폭력, 혹은 가정폭력이 가장 손쉽게 침투하기 때문이다. 이것은 한국 여성만의 문제도 아니다. 나는 한국으로 이주한 여성들, 특히 매매혼 이주 여성의 가정폭력 피해 뉴스를 접할 때마다 그 고립의 깊이를 가늠해본다. 왜 가해 남성이 이주 여성에게 한국어를 배우지 못하게 하는지, 다른 이주 여성들과 교류하지 못하게 하는지, 가사노동과 양육노동을 경멸하면서도 집 밖으로는 나가지 못하게 하는지, '다문화'가 멸칭으로 쓰이는 사회에서 이주여성은 누구의 지지를 받을 수 있는지에 대해서 말이다.

나는 '여혐민국' 한국에는 더는 희망이 없다고 판단하고 탈조선을 꿈꾸는 페미니스트들을 본다. 그리고 '열등 인종'으로 마킹되는 새로운 굴욕감에 적응하기보다 한국에서 싸우고 싶다는 친구들도 본다. 헬조선이 옳은지, 탈조선이 옳은지는 타인이 답할 수 없는 문제다. 어떤 사회에 소속되는 감각은 여성, 아시안, 한국인, 직업인, 양육자 등 나를 구성하는 여러 지위들 간의 긴장에 따라 달라질 수 있고, 이 긴장을 어떻게 조정하는가는 실로 개인의 역량에 달렸기 때문이다.

그러나 분명하게 말할 수 있는 것도 있다. 완벽하게 안전한 지지대가 되어줄 사람은 어느 나라에도 없다. 여성에게는 내가 한국을 떠나고 싶은지, 떠날 수 있는지, 떠난다면 어디로 가야 하는지, 떠났다면 그곳에 계속 머물고 싶은지를 누구의 방해도 없이 따져볼 시간이 필요하다. 그리고 그 탐색의 지표는 누구도 아닌 '나'여야 한다.

맘카페에서나 하라던 이야기

수신지 「며느라기」(2017~2018)
쇼쇼 「아기낳는만화」(2017~2018)

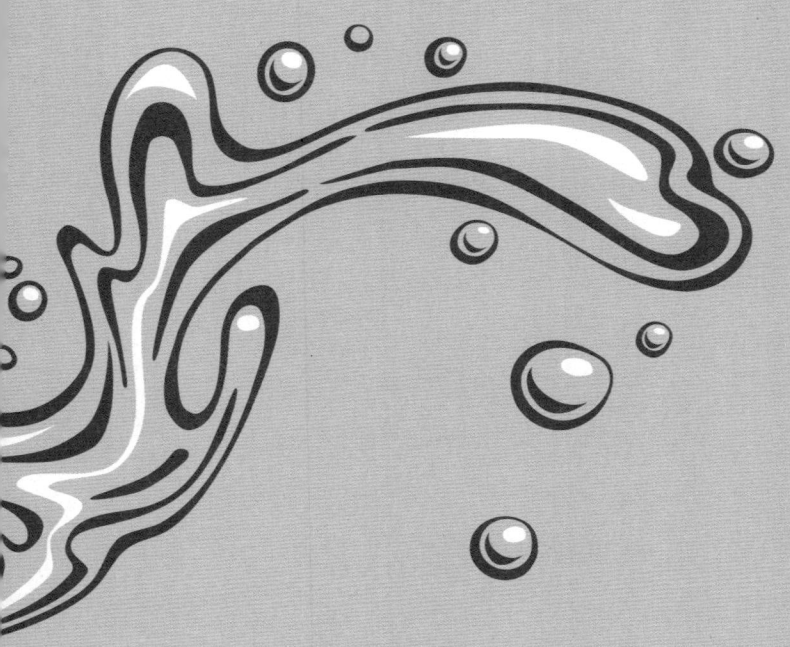

사람들이 나보고 맘충이래[1]

 사이버 토론장의 건설적 비판으로는 '일간베스트'에 둥지를 튼 청소년–청년 무리를 갱생시킬 수 없다고 느낄 즈음이었다. '일베충'이라는 맞수가 혜성처럼 떨어졌다. 일베 유저는 인격적 대우를 받을 자격이 없는 필사 박멸의 해충이라는 범네티즌의 합의된 평가를 응축한 멸칭이었다. 멸칭 붙이기에는 확실히 경제적인 면이 있었다. 단 세 음절이면 '극우적 역사 인식과 여성혐오적 가치관을 바탕으로 비윤리적 인터넷 밈 생산을 주도하거나 묵인하는 집단'이라는 구구절절한 설명이 필요 없었다. 그 손쉬움이 문제였을까? 어느 명사에나 탈부착 가능한 조어의 응용력은 흩어져 있던 혐오 감정을 집단 정서로 그러모으는 데 활용되기 시작했다. 해충은 '급식'이 될 수도, '틀딱'이 될 수도 있었다.
 한국 온라인 문화를 휩쓴 'OO충' 조어 유행의 시초가 일베충이라는 사실은 웃어넘기기엔 너무도 무거운 순간이 되어버렸다. 그 최초의 응용 사례이자 최대 히트작이 '맘충'임을 생각하면 더욱 그렇다. 맘충의 정의는 일베충보다 훨씬 느슨했고, 그래서 파괴적이었다. '민폐를 끼치는 유아동 여성 보호자'라는 정의가 제 기능을 하기 위해서는 민폐의 수위 규정이 선행되어야 했으므로, 맘충의 외연은 그때그때 열리는 네티즌 인민재판에 의해 경험적으로 구성되었다.

맘충 '썰' 풀기는 단숨에 온라인 커뮤니티의 흥행 보증 수표로 등극했다. 맘충 즉결심판을 구경하러 몰려든 군중은 기요틴 처형식이 일종의 쇼 엔터테인먼트로 소비되던 시대를 연상시켰다. '맘충 피해자'들이 저마다 사연을 고발 및 색출하고, 관중은 당장 처단에 나설 기세로 열렬한 지지를 보낸다. 민폐의 경계는 모든 개인의 목격담을 합산하는 방식으로 확장되었다. "애 엄마가 전부 맘충은 아니지만"이라는 조건문은 윤리의 최저선을 방어할 알리바이일 뿐이었다. 본론은 "맘충이 있다"는 것이다. 맘충의 존재를 확인하려는 열기 속에서 양육자라는 정체성 교집합에 소속된 모든 여성은 불심검문에 응해야 한다. 말하자면 모든 엄마는 '잠재적 맘충'이다.

나도 모르는 사이 온갖 온라인 커뮤니티에서 비웃음거리

가 될지 모른다는 공포는 기실 효과적인 통치 도구였다. 여성 양육자들은 맘충을 반면교사로 삼아 자기검열을 내면화했다. '지각 있는 엄마'는 아이가 만진 물건과 흘린 음식을 초고속으로 닦고, 울음소리가 나기 무섭게 자리를 떠나주고, 매사에 '죄송'과 '감사'를 달고 다니며 저자세로 임해야 한다. 아이를 호되게 꾸짖는 액션으로 시민들의 노여움을 풀어줘야 한다. 동승객들에게 피해를 입힐뿐더러 아이는 기억도 못할 장거리 여행은 엄마의 이기심일 뿐이다. 여성 양육자의 외출은 스쳐 지나가는 모든 낯선 이에게 '개념맘' 인증을 받기 위한 슬픈 몸부림이 되고 말았다.

이게 다 무슨 소용이란 말인가? 유아동 동반 여성을 향한 공공의 감시 체제는 날로 강화되었고, 여성 양육자의 행동반경은 점점 축소되었다. 맘충과 그 맘충이 키우는 '애새끼'들의 잠재적 민폐 가능성을 원천 차단한 '노키즈존'이 새로운 호객 전략으로 부상했다. 마땅히 갈 곳이 없는 여성 양육자들은 낮 시간 마트나 백화점을 배회한다. 누군가는 그 생활 패턴조차 팔자 좋다며 백안시했다. 허락된 공간에만 출몰해도 '요즘 엄마' 탓하는 소리는 끊일 줄 몰랐다. 좋은 자연을 두고 키즈카페에 헛돈을 쓰고, 유튜브를 보여주면서 아이들을 '바보'로 만들고, 아이는 어린이집에 맡기고

출처 「며느라기」 공식 인스타그램
작가 수신지

육아를 허투루 한다며, 요즘 엄마는 언제나 무개념 맘이 되었다.

분할 통치

상상해보자. '유아동 출입금지'도 'No Kids Allowed'도 아닌, 'No Kids Zone'이라는 회피적 문구를 출입문에 디자인처럼 새겨넣은 업장에 아이를 이고 지고 찾아왔다가 문전박대당하는 여성 양육자들이 있다. '키즈'의 범위가 어디까지인가는 업주의 재량에 달렸다. 어떤 '힙'한 업장은 반려동물은 환영하지만, 아이는 안 된다고 한다. 노키즈존은 맘충 시대의 '모범 시민'이 상상하는 유토피아의 축소판이었을 것이다. 더럽고 시끄러운 아이들이, 그리고 그 아이들을 끌고 다니는 여자들이 사라진 세계.

한국의 기반 시설 디자인은 다른 국가들보다 유난히 폭력적이다. 한국 엘리베이터, 버스, 지하철, 보도 포장의 불친절함은 유아차나 휠체어를 밀어보지 않으면 알 수 없다. 비장애-청장년의 몸을 표준으로 설계된 사회의 적합한 사용자로 산다는 것은 특권이다. 그런데 이 '지정 사용자'들이

다른 몸을 가진 인간에게 엄격한 불관용 원칙을 적용하겠다고 나섰다. 심지어 정의구현을 내세우면서 말이다. 이 깜짝 놀랄 오만함은 인간 키우기가 무엇인지 이해하지 않아도 되는 사회에서만 가능하다. 그것이 '애 엄마'나 하는 비천한 일이기 때문에 누구도 알려 하지 않는 사회, 그것이 '집안'에서나 일어나는 일이기 때문에 공공장소에서 목격하고 싶지는 않은 사회 말이다.

"니 새끼 너나 예쁘지"라는 구호의 범람에는 육아 콘텐츠를 음지화하고 싶은 대중의 심리가 반영되어 있다. 여초 커뮤니티에서는 아이를 낳고 변해버린 친구에 대한 실망감을 토로하는 광경이 종종 목격되었다. 관심도 없고, 예쁘지도 않은 아이 사진을 보내는 친구 때문에 곤란하다고도 했다. 출산한 여자가 어떻게 바깥세상으로부터 고립되는지, 육아가 어떻게 인생의 한 구간을 집어삼키는지, 그 충격이 성인의 사회적 감각조차 퇴행시키곤 한다는 걸 안다면 '이제 그만 네 얘기를 하라'고 볼멘소리를 할 수는 없었을 것이다. 환영받지 못한 엄마들은 소셜미디어로 갔다. 이번에는 피드에 올라오는 육아 이야기가 너무 많아져서 문제였다.

어디에서도 애 키우는 소리가 들리지 않는 쾌적한 환경

을 조성해달라는 요청은 맘카페를 고립된 영토로 만들었다. 한편으로, 그것은 기혼 유자녀 여성을 집단으로 묶어 타자화할 수 있는 효과적 수단이기도 했다. 맘충 신드롬과 맞물려 여초 커뮤니티에서는 맘카페 문체 카피 백일장을 열며 자지러지는 풍경이 곧잘 목격되었다. 배달 중개 서비스 애플리케이션에 아이를 위한 군만두 서비스 요청을 무시당했다는 리뷰를 남겨 네티즌의 포화를 맞은 '재연맘' 사건이 '낭낭하다'라는 유행어를 부산물로 남겼던 것처럼, '샵쥐(시아버지)' '윰차(유모차)' '얼집(어린이집)' '문센(문화센터)' 같은 생활 축약어도 격렬한 비웃음을 샀다. 애초에 맘충의 '맘'에 스스로를 'ㅇㅇ맘'이라 네이밍하는 '아줌마 문화'를 향한 조롱이 담겨 있었음을 상기한다면 별로 놀라운 일은 아니다.

지금도 아이돌 팬덤에서는 그들의 온라인 커뮤니티 문화에 어울리지 않는 구성원을 '줌냐(아줌마+언냐)'라고 부르며 '줌내(아줌마 냄새)난다'고 모욕하는 광경이 종종 목격된다. 주류 문화의 구성원에게 '맘그룹'은 늘 그런 식으로 '나는 그들과 같지 않음'을 견주어 보는 비교 집단이 되곤 한다. 그래서 맘충 신드롬은 구태의연하다. 모두가 이제껏 해온 것을 앞으로 계속해도 좋은 이유를 발견했을 뿐이었다.

민폐라는 핑계 덕분에 대중 일반은 나의 혐오가 틀리지 않았다고 확신하는 동시에, 공중도덕을 준수하는 상식적인 시민이라는 타이틀까지도 가져갈 수 있게 되었다. '눈치 없고 촌스럽고 이기적인 아줌마'를 너 나 할 것 없이 멸시해 온 사회 풍토에 활력이 더해진 셈이었다. 존재 자체가 소음이고 구식이고 오염이라는 평가에 대항하여 여성 양육자가 할 수 있는 일은 별로 없었다. "나도 애 엄마지만"이라는 사족을 붙여가며 '보통 엄마들'과 나를 분리하는 것 외에는.

맘카페 밖으로

그러나 출산과 동시에 지독한 고립을 경험하고, 마누라-며느리 학대에 일상적으로 노출되는 기혼 여성이야말로 커뮤니티의 도움이 가장 절실한 계층이었다(이 집안에서 미친 사람은 내가 아님을 확인하기 위해서라도 말이다!). 공론장을 떠나 특정 집단에 속하기를 선택한 것은 기혼 여성의 자구책이었지만, 기혼 여성의 목소리가 대문 밖으로 새어 나오지 않기를 바랐던 대중의 집요한 따돌림이 없었다면 그러한 분리 정책이 생겨날 이유도 없었을 것이다.

결혼하지 않으면 그만이라서, 결혼의 성패는 여자의 '현명한 처신'에 달린 문제라서, "니 새끼 너나 예쁘기" 때문에, 우리는 너무 오랫동안 누군가의 고통에 눈살을 찌푸려왔다. 결혼이 발생시키는 불공정 관계가 자업자득이라 이야기하고, 출산과 육아를 '모성애'라는 신비로운 능력이 해결해준다고 믿는 사람들 사이에서 기혼 유자녀 여성은 잡담꾼 이상이 될 수 없었다. 아직도 많은 사람이 전업주부에게는 가정이 곧 직장이며, 가정에서 처리되는 업무 역시 전문가의 영역이라는 사실을 인정하지 못한다. 누구도 귀 기울이려 하지 않을수록 결혼·임신·출산·육아는 당사자가 되어 직접 체험해야만 알아낼 수 있는 특수 정보로 격리되었다.

맘충 신드롬과 노키즈존의 발흥은 아기 엄마가 왜 그렇게 행동할 수밖에 없는지 상상할 수 있는 시민의 풀이 가장 좁아진 시대의 단면이다. 이것을 가능케 한 적극적 무관심, 혹은 소극적 무지로 인해 재생산 영역에 뛰어든 여자들의 비명은 끊일 새가 없었다. 수천 년간 되풀이되어온 일임에도, '임출육'에 임하는 여자들은 마치 역사에 없었던 적을 만난 것처럼 각개전투를 벌여야 했다. 모성애 신화를

「며느라기」 9_6화 '설날' 중에서

기반으로 엄마의 역할을 강조하는 양육서와 현실의 괴리를 느끼며, 맘카페와 육아 블로그에 구전 형식으로 기록된 체험기를 일일이 수집하면서. "엄마는 강하다"라는 덧없는 격려에 등을 떠밀리면서.

조남주의 소설 『82년생 김지영』(2016)의 값진 성과 중 하나는 기혼 여성을 향한 기존 사회의 시선이 혐오라는 인식을 확산시켰다는 것이다. 여성혐오라는 개념이 갓 대중화되면서 한국 여성의 목소리가 폭발적으로 쏟아지던 참이었다. 개개인 여성의 발화가 증언으로서의 가치를 증명하고, 이 증언을 통해 여성과 여성이 연결되는 혁명적 풍경은 많은 여성에게 용기를 주었다. 더는 말하기를 겁내지 않아도 된다는, 나의 이야기를 들어줄 동지가 분명히 있다는 자신감을 말이다. 그렇게 광장으로 뛰쳐나온 여자들의 대열에 기혼 여성도 합류하기 시작했다. 된장녀와 김치녀 다음에는 어떤 낙인이 기다리고 있는지 체험한 '맘충' 세대의 한국 여성으로서.

집 안팎에서 경험하는 크고 작은 부당 대우가 '사적인' 문제가 아님을 깨닫는 것이 시작이다. 페미니즘에는 기혼 여성의 삶에 스며든 차별을 사고할 언어가 있었고, 비로소 기혼 여성은 가부장제의 심연을 제대로 들여다볼 수 있게 되었다. 기쁨이나 보람 같은 두루뭉술한 보상에 비해 결혼과 출산의 파괴력은 너무도 실질적이다. 많은 한국 여성이 이 충격의 크기를 제대로 가늠해보기도 전에 선택에 뛰어든다. 잘 모르기 때문에 '남들도 하니까' '때가 돼서' '하면 좋다니까' 같은 시시한 이유에 등을 떠밀린다. 그런 시대를 끝내야 한다는 의식은 다음 세대 여성에게 비혼·비출산의 동기를 부여하는 시도로 이어졌다. 한동안 기혼 여성 페미니스트의 발언에 이목이 집중되었던 것은 그런 이유다. 기혼 여성이야말로 가부장제가 얼마나 교묘하고 집요하게 여성을 착취하는지 가장 잘 파악하고 있는 이들이었으므로.

이름 없는 사람

결혼 '생활'이라는 소재 자체는 웹툰 시장에서 늘 일정한 지분을 차지해왔다. 일상툰을 연재하는 작가에게 결혼이 불러오는 환경의 격변은 새로운 이야기보따리나 다름없었으니 그럴 법도 했다. 「마조&새디」(정철연), 「낢이사는이야기」(낢), 「결혼해도 똑같네」(네온비), 「월유메리미」(마인드C) 등 적당히 신세대적인 부부의 삶을 묘사했던 기존 작품들은 결혼-일상툰이 선택할 수 있는 가장 안전한 방향을 따르고 있었다.

독자가 작중 캐릭터를 작가의 분신으로 인식하고, 관찰된 내용이 독자에게 삶이라는 연속성 있는 서사로 구성될 때 발생하는 인간적 친밀감은 일상툰 팬덤의 중요한 기반이다. 이 낯익음, 편안함, 오래 알고 지낸 친구 같은 감각을 자아내기 위해서 일상툰은 꾸밈없이 진실한 태도를 보여야 한다. 그러나 '실존 인물과 사건에 최소한의 가공만을 가한다'는 독자와의 약속을 지키면서 그 현실이 누구에게나 보여줄 만한 것이 되도록 깊이를 조절할 때, 결혼-일상툰은 의도했건 의도하지 않았건 결혼 판타지를 판매하게 된다. 결혼의 함정을 어렴풋이 감지하고 있는 독자조차 '이렇게 사는 커플도 있구나' 혹은 '이런 결혼이 나에게도 가능할까'라는 긍정적인 전망을 품게 되는 것이다.

줄곧 이상적으로 받아들여졌던 결혼-일상툰의 부부관계는 페미니즘 리부트를 기점으로 대대적 재평가를 거쳤다. 여성 배우자가 남성 배우자에게 일방적으로 존대하거나 남성 배우자가 여성 배우자를 도구화하는 연출이 부자연스럽다고 느끼며, 나아가 배우자 간 권력관계를 민감하게 관찰하기 시작한 여성 독자의 변화된 감수성은 결혼-

일상툰이 의식해야 할 새로운 창작 조건이 되었다. 그럼에도 결혼-일상툰을 여성주의의 도마 위에 올리는 건 간단하지 않은 일이다. 일상툰 독자는 작품에서 묘사된 불평등한 상황이 누군가의 현실이라서 더욱 문제적이라 느끼지만, 바로 그러한 이유로 결혼-일상툰에 여성주의적 텍스트 읽기를 적용하는 일은 쉽게 과열되기 때문이다. 2015년 「월유메리미」의 작가 마인드C가 작품 관련 허위 비방에 강력하게 대응하겠다고 밝히고, 2016년 「낢이사는이야기」의 작가 낢이 네티즌을 사이버 명예훼손으로 고소한 사건은 모두 '메갈리아'의 활동과 관계 있었다. 장르의 특성상 일상툰 비판은 타인의 삶을 재단하거나 실존 인물을 인신공격하는 행위와 깔끔하게 분리되기 어려워 보인다.

그리고 2017년 5월 본격적인 결혼 문화 비판 서사인 「며느라기」가 등장했다. 「며느라기」의 탁월한 점은 자극적으로 기울어지기 쉬운 소재의 오락성을 경계함으로써 오히려 '가장 평범한' 순간의 균열을 포착해냈다는 것이다. 시모는 며느리와 살갑게 왕래하는 관계가 되길 원한다. 과묵한 시부는 때때로 며느리 편을 들어주는 듯하다. 남편은 처가에 효도할 의욕으로 충만하다. 좋은 시가도 나쁜 시가도 아닌, 네이트판이나 종합편성채널 토크쇼에서 수없이 접해온 막장 스토리와 비교하면 오히려 상식적인 축에 속하는 시가를 만난 민사린은 왜 여전히 위화감을 느끼는가? 「며느라기」는 민사린을 시집살이에 때묻지 않고 육아의 구속에서 자유로운, 갓 결혼한 '며늘아기'로 설정함으로써 며느리 차별의 기제를 명징하게 드러낸다. 하나의 서사로 그러모아질 기회조차 갖지 못했던 마이크로어그레션의 재현은 '며느리의 지위는 어디인가'라는 근본적 질문으로 연결된다.

친정에서는 딸을 출가외인으로 시집 '보내고' 시가에서는 며느리를 새 식구로 '받아들인다'. 손님도 가족도 아닌 이방인, 외부에서 침입한 영원한 타인으로서 며느리에게 맡겨진 임무는 아이러니하게도 균열 메우기다. 형님이 거부한 전통적 며느리 문화를 계승할 사람, 시집간 딸의 부재로 허전해진 자리를 채워줄 사람, 아들이 미혼 시절 소홀히 했던 효도를 대리 수행해줄 사람, 집 나간 시어머니 대신 시아버지에게 밥을 차려줄 사람이 되어달라는 다각도의 요청이 불쑥불쑥 민사린을 옭아맨다. 문제는 며느리가 '화목한 가족' 판타지를 완성할 최후의 조각으로 여겨질 때, 며느리의 고유한 인격은 박박 문질러 없애야 할 이물질로 취급된다는 것이다.

며느리에겐 이름이 없다. 정혜린(형님)의 출산 소식을 듣

아기 낳는 만화

글·그림 **쇼쇼**

출처 네이버 웹툰 「아기낳는만화」
작가 쇼쇼

고 병원에 찾아간 민사린은 산모 이름을 몰라 아기를 찾지 못한다. 제사에 동원된 여성 인척들은 하루 종일 부엌에서 부대끼면서도 서로를 '다영이 엄마'와 '구영이 부인'으로 소개받을 뿐이다. 며느리에겐 역사가 없다. 무구영이라는 연결고리가 있어야만 대화에 자연스럽게 참여할 수 있고, 커리어의 발전을 축하받을 수는 없지만 앞치마 선물은 감사해야 하는 사람. 민사린이 누구인가는 시가 사람들에게 중요치 않다.

며느리는 작은 밥상에 앉아 남자들에게 갓 지은 음식의 맛있는 부분을 양보하고 잔반을 '먹어치우는' 처리반이 될 수 있다면 누가 들어오든 상관없는 자리다. 가족의 행복, 가족의 평화, 가족의 기쁨 같은 달성될 수 없는 이상향을 실현하기 위해 며느리들은 정해진 역할에 몸을 구겨 넣는다. "부모님 만나는 날만이라도 그냥 그렇게 있어주면 안 될까?"라는 무구영의 부탁은 '너만 참으면 돼'의 완곡한 표현이다. 한 명이 불행해도 나머지 사람들이 모두 행복하다면 행복의 총량은 늘어나니까. 최대 다수의 최대 행복을 위해 며느리는 침묵을 강요받는다.

시집살이를 여자들의 전쟁터로 묘사하는 기존 고부갈등의 쓰기-읽기 방식은 여성혐오를 내포하고 있었다. 개념 없는 며느리와 계몽되지 못한 시모의 대결 구도에서 죄질의 무게를 달아보며 여성 가해자를 맹렬히 증오할 때, 독자는 폭력의 진원지를 시스템이 아닌 여성 개인의 결함으로 축소 인식하는 함정에 빠진다. 여자들이 오물을 튀기며 싸워준 덕분에 뒤로 물러나 품위도 지키고 가부장제의 질서도 수호하는 남자들의 존재는 곧잘 잊힌다. '아녀자들 싸움'에 끼어들지 않는 가부장의 비겁함을 무기력하거나 우유부단한, 중립적인 캐릭터로 희석시키는 고부갈등 클리셰가 남성을 밥그릇 싸움의 비당사자로 분리해준 덕분에 남자들은 응당한 비난을 면하는 특권을 누릴 수 있었다.

가부장제 속 여성을 피해자성과 가해자성이 교차하는 공간으로 파악하는 일은 그러한 한계를 극복하는 첫 걸음이 된다. 「며느라기」는 박기동이 시어머니가 아닌 무남천의 부인이자 무씨 집안 며느리일 때, 무미영이 시누이가 아닌 김철수의 아내이자 김씨 집안 며느리일 때, 그들의 처지 역시 민사린과 다르지 않다는 사실을 간과하지 않고 지적한다. 남성의 생애주기에서 돌봄노동이 고갈되는 일 없도록 여성 가족 구성원을 대체 가능한 리소스로 융통하는 한, 여성이 여성으로부터 쟁취한 승리는 여성 전체의 승리일 수 없다. 여성은 늘 어떤 남자의 어머니, 누나, 여동생, 여자친구, 아내, 며느리, 딸이 되기를 요구받으므로.「며느라기」는 사랑받는 며느리 되기가 생애에 걸쳐 학습되는 '여자다움'의 한 단면임을 지적함으로써 고부갈등 서사와 사회구조적 여성차별 문제 사이에 접합점을 마련한다.

  동생 무미영을 거울삼아 민사린을 이해하고 결혼식 실황 DVD를 보며 초심을 상기하는 무구영의 각성은 낙관적 전망을 오히려 일그러뜨리고, 그럼으로써 「며느라기」의 결말은 열린 채로 남는다. 독자는 여동생의 현실 없이는 아내의 삶을 끝내 이해하지 못했을 무구영의 무감각에 분노하고, 민사린의 호소가 이혼의 신호로 인식되기 전까지는 두려워할 줄도 몰랐던 무구영의 얄팍함에 혀를 찬다. 두 사람이 당분간은 결혼 생활을 유지할 것 같다는 예감은 씁쓸하다. 민사린이 대리 효도를 거부하더라도, 여성인 이상 가사나 출산처럼 남자의 손으로 하고 싶지 않거나 할 수 없는 몫을 떠안게 될 것임을 알고 있기 때문이다. 그래서 더더욱 문제 해결의 키를 쥔 쪽이 무구영이어서는 안 된다. 가부장제를 부수는 주인공은 여성이어야 한다.

이름 없는 병

 임신과 출산이 여자의 기쁨이고 축복이라 말하고, 여성기와 섹스를 떼어놓고 생각하지 못하는 사회에서 임신의 고통을 낱낱이 밝히기란 불온하기 그지없는 행동이다. 물론 우리는 분만통에 대해 들은 적이 있다. 분만통이 무려 3위의 영광(!)을 기록한 '인간이 느끼는 가장 큰 고통 순위 10' 리스트는 인터넷 커뮤니티의 고전 게시물이 된 지 오래다. 분만통을 '트럭이 배 위를 치고 가는 느낌' 혹은 '콧구멍으로 수박을 낳는 느낌'에 비유한 출산 후기는 유명하다. 그러나 이제는 이 막연한 인상에 어떤 유의미한 정보도 들어 있지 않다는 사실에 주목해보자.

 따지고 보면 이 내용 없는 줄 세우기나 비유가 남다른 생명력을 가질 수 있었던 비결은 바로 그 '내용 없음'에 있다. 여성기와 배설기관에 대한 구체적 언급을 지양하고, 모성신화와 충돌하는 부정적 감정을 삭제한 출산 경험담은 사회 통념이 설정한 한계를 벗어나지 않는다. 쇼킹한 임팩트가 있으면서도 너무 적나라하지는 않은 출산 관련 콘텐츠는 그래서 인기가 좋았다. 어차피 사람들에게는 재빠르게 읽어 넘길 수 있는 다양한 가십이 필요할 뿐이었고, 그들의 궁금증은 그토록 대단하다는 분만 통증 그 자체에 쏠려 있었으므로. 즉석에서 충격·공포·경악 등의 감정을 쏟아낼 배출구로 끌려나온 분만 '썰'은 뒤로 가기를 누르면 금세 지워질 이야기였다.

그런 의미에서 「아기낳는만화」는 분기점이 될 만한 작품이었다. "왜 때문에 분만만 힘든 것처럼 말해 (…) 내가 이 경험을 꼭 기록할 것이다"라는 독백이 촉발시킨 작품은 작가 쇼쇼의 임신과 함께 시작되어 쇼쇼가 출산하면 끝난다. 임신을 결혼 생활의 한 이벤트로 분배했던 기존의 일상툰과도 다르고, 결혼의 현실을 가감 없이 드러내면서 자유로운 비판을 허용하기 위해 익명성을 빌려왔던 「며느라기」와도 다르다. 「아기낳는만화」는 작가 본인의 체험과 문제의식을 전면에 내세워 임산부가 직면하는 난관들을 한 줄기의 서사로 풀어낸다. 본격적인 임신-일상툰의 등장은 임신과 출산의 진실 알리기에 힘써온 페미니스트들에게도 환영할 만한 일이었다.

임신은 내가 통제한다고 믿어왔던 몸이 그 권한을 도리어 나에게 주장하고 인식시키는 생경한 경험이다. 「아기낳는만화」의 작가 쇼쇼는 걷잡을 수 없는 신체 변화에 끌려다니고, 삶의 영토가 극단적으로 제한되고, 얼토당토않은

「아기낳는만화」 2화 '자연임신불가' 중에서

미신들과 스테레오타입이 도처에서 손을 뻗어올 때 느끼는 자아의 수축감을 솔직하게 드러낸다. 기혼 여성이라는 이유로 생리불순 상담이 난임 치료와 임신 시술로 연결된다. 상상보다 훨씬 더 굴욕적인 인공수정은 사회화된 인간이 아닌 교배당하는 포유류로서의 감각을 일깨운다. 몇 번의 시도 끝에 어렵게 성공한 임신도 일터에서는 달갑지 않은 소식일 뿐이다. 쇼쇼는 사내 정리해고 1순위로 점찍힌다.

임신과 출산을 여자의 과업으로 여기는 시각과 임신한 여자를 민폐 취급하는 시각이 양립하는 사회다. 활발한 출산 장려 사업에 비하면 초라하기 그지없는 사회 인식 및 제도 지원은 도구화된 여성 신체의 지위를 드러낸다. 국가가 여성과 태아를 저울 위에 올리고 아직 태어나지도 않은 삶이 더 무겁다고 판결할 때, 출산한 여성의 생존권은 존중받지 못한다. 출산 이후의 대책이 없는 사회에서의 임신은 그것이 아무리 잘 계획되었다 할지라도 파괴적이다. 모체의 신체적 수명뿐만 아니라 사회적 수명까지 단축하기 때문이다. 경력단절, 독박 육아, 커리어 정체, 임산부·양육자 혐오로 인한 삶의 질 저하 등을 여성이 사적으로 해결해야 할 과제로 떠안기고는 연례행사처럼 출생률 경보를 울리는 정부는 여성의 삶에 놀라울 만큼 무관심하다.

출산을 맡겨놓기라도 한 듯 여성의 신체 자기결정권을 침해해온 사회에서 낙태죄 폐지를 외치는 여성들은 임신을 질병이라고 칭하길 주저하지 않게 되었다. 식욕부진·욕지기·구토(입덧), 장기 압박으로 인한 소화불량과 호흡 곤란, 피부 착색, 시력 감퇴, 집중력 및 기억력 저하, 요통, 산전 및 산후우울증, 소양증(임신성 가려움증), 요실금, 변비, 치루, 치질, 복직근이개, 임신성 비염, 임신성 당뇨, 전자간증(임신중독증), 방광질루, 직장질루, 양수색전증, 폐색전증, 산후풍, 모성사망률과 그 외 수많은 원인을 알 수 없고 치료법도 없는 증상들이 수면으로 드러날 때, 그저 이를 자연의 섭리라고 얼버무려온 사회에 여자들은 적확한 분노를 표출할 수 있다. 「아기낳는만화」에 기록된 임신 전후 신체 변화와 병증은 작가 개인의 사례일 뿐이지만, 임신이 단순히 '배가 무거워서' 힘든 일이 아님을 보여주기에는 충분하다.

「아기낳는만화」가 연재되는 동안 댓글창에서는 적잖은 소동이 벌어졌다. 일부는 여성의 고통을 다뤘다거나 비출산을 조장하는 듯이 느껴진다는 이유만으로 '메갈 만화'라거나 '남혐 만화'라는 낙인을 찍으려 시도했다. '엄살이 심하다'거나 '징징댄다'는 지긋지긋한 비난은 더 크게 임신과 출산의 고통을 말해야 할 이유를 재확인시켰다. 「아기낳는 만화」가 조금도 급진적이거나 과잉되지 않은 톤으로, 오히려 명랑한 유머 감각을 잃지 않고 현실을 이야기하는데도 거부 반응을 일으키는 일부 독자는 '여성으로서' 발언하는 여성을 억압하는 사회를 거울처럼 비춘다. 여자들이 몰라서 말하지 못하도록, 알아도 말할 수 없도록, 말할 공간이 없어서 들리지 않도록 갖은 방법을 동원해 여자들의 목소리를 삭제하면서 삶을 주물러온 그 사회 말이다.

2017년 상반기 '네이버 도전 만화'에서 공개된 「아기낳는 만화」는 단 몇 화 만에 소셜미디어를 통해 입소문을 타기 시작했다. 그렇다 한들 네이버 웹툰 같은 메이저 플랫폼에서 발 빠르게 정식 연재를 추진한 것은 예상 밖이었다. 작품은 연재 기간 기혼 여성뿐만 아니라 청소년에게까지 폭넓게 읽히면서 인기 웹툰 순위 중상위권을 지켰다. 몇 년 전만 해도 불가능했을 성과다. 성교육과 생물 교육이 누락해온 정보가 서브컬처를 통해 공급되는 현실은 암울하지만, '너도 결혼해보면/낳아보면/키워보면 알게 된다'는 말로 여자의 입을 막아온 사회에서 한 가지 희망적인 지표는 될 수 있다. 한 번도 나의 근거지라고 생각한 적 없는 맘카페를 허둥지둥 검색하고, 인터넷의 익명성에 기대 본인이 정상인지 물으며 애타게 답변을 기다리는 여자들이 사라졌으면 좋겠다. 여자들이 임신·출산·육아에 대한 솔직한 감상을 얘기하면서 내가 얼마나 아기를 사랑하는지 해명하지 않아도 되는 날이 오길 바란다. 해보면 알게 되니까 그전까지는 몰라도 되는 일은 없다.

주

1   『82년생 김지영』(조남주, 민음사, 164쪽) 속 문장을 인용했다.

여자, 퀴어, 여자 퀴어

검둥 「안녕은하세요」(2018~2019)

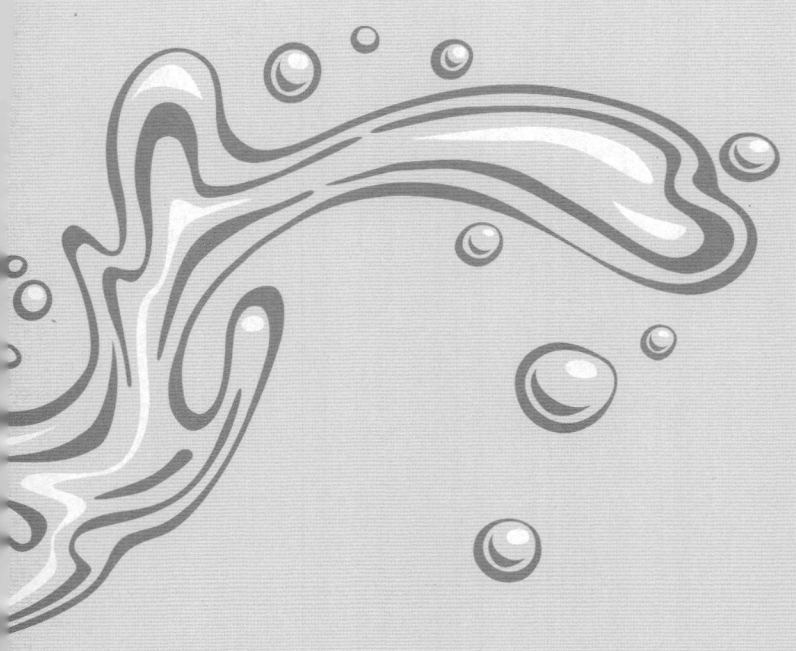

여자 퀴어, 남자 퀴어

웹툰 「내 자식의 사생활」(2017)의 주인공 유린과 오준은 영혼의 쌍둥이처럼 보인다. 동갑내기, 동네 이웃, 소꿉친구, 12년 동창, 그리고 동성애자, 또 호모포비아 가족의 딸과 아들. 일찍이 서로에게 커밍아웃한 유린과 오준은 절대 우정이 보장된 친구이자, 신뢰할 수 있는 대나무숲이고, 동질감으로 연대하는 소수자 동맹이다. 이들은 이제 막 스무 살이 되었고, 가족에게 '진짜 나'를 인정받으려 한다.

'무지개' 가족의 탄생이라는 인류애 넘치는 대단원을 향해 「내 자식의 사생활」은 열성적인 교사처럼 두 수레를 동시에 끈다. 유린과 오준은 각각 레즈비언과 게이를 대변한다. 작품은 동일한 배경에 두 삶을 교차시키고 때로는 병렬하며 내러티브를 공평하게 분배하려 하지만, 작품에서 재현되는 유린과 오준의 상태는 동등하지 않다. 정확히 말하면, 두 사람의 경험은 동질할 수가 없다.

단짝 친구 박정민을 4년째 짝사랑 중인 오준의 첫 위기는 열일곱에 찾아왔다. 초등학교 시절부터 여자아이들을 곧잘 괴롭히던 박정민은 이제 남성 또래문화에 완벽히 적응했다. 그는 남자에 아무 관심 없는 유린에게 성가시게 껄떡댄다. 비뚤어진 여성관에 동조하지 않는 오준을 "샌님"이고 "남자가 아니"라며 구박한다. 오준은 그가 불쾌하고 질 나쁜 놈이라는 것을 알지만, 오랜 짝사랑의 관성은 멈춰지지 않는다.

호모포비아를 사랑한 호모의 사연은 예견된 비극을 견인한다. 남성 문화에 미온적으로 동참하는 오준이 '진짜 남자'인지 확인하겠다며 벼르고 있던 박정민은 장난삼아 성행위를 연상시키는 신체 접촉을 강제한다. 발기한 오준의 성기를 보고 '진짜 게이'냐며 배꼽 빠지게 웃는 박정민과는 달리 오준은 패닉에 빠져 있다. 오준은 남성 집단의 잔인성을 안다. 진짜 남자만 초대받을 수 있고, 다른 남자보다 더 남자일수록 안전해지는 또래 집단의 피라미드에서 '결격한 남자'의 위치가 어디인지 안다. 그를 위협하는 것은 소외의 공포다. 그는 남자임을 증명함으로써 이 궁지를 빠져나가야 한다. 그것이 오준이 박정민에게 주먹을 휘두르는 이유다. 그는 박정민을 두들겨 패고, 박정민에게 두들겨 맞는다. 분노할 줄 아는 것, 분노를 육체로 표출하는 것, 그것이 '남자다움'의 징표이므로.

같은 시기 유린에게는 무슨 일이 일어났는가? 아직 정체화 전인 유린은 오다가다 좀 친해졌을 뿐인, 인상조차 흐릿한 남자아이에게 고백을 받았다. 유린은 이 남자가 갑자기 왜 나에게 연애감정을 느끼는지 이해하지 못하고, 남자는 "너에게 이렇게 잘해준" "나 정도의 남자가" 거절당하는 상황을 이해하지 못한다. 홧김에 "너 레즈냐?"고 혐오발언을 내지르는 남자에게 유린은 지지 않고 "그래! 레즈다!"라며 주먹을 날린다. 소문은 빠르게 퍼져 다음날부터 유린에게는 '주먹녀'라는 딱지가 붙는다. 그러나 또래의 수군거림보다 더 힘든 건, 그 남자가 보란 듯이 유린의 절친인 김민지를 채어갔을 때다. 유린은 그제서야 김민지를 향한 애틋한 감정이 사랑이었음을 깨닫는다.

보수적이고 폐쇄적인 또래 집단에서 일단 생존이 시급한 두 사람이 찾아낸 타개책은 이성애자의 역할을 재현하는 것이다. 오준의 몸싸움을 계기로 성지향성을 터놓은 오준과 유린은 위장 연애라는 일시적 동맹을 맺는다. 그러나 표면적으로 같게 보이는 이 전략이 오준과 유린에게 발휘하

출처 저스툰 「안녕은하세요」
작가 검둥

는 효과는 다르다. 오준은 남성 집단에서의 퇴출 위기를 모면하고자 한다. 그래서 '여자를 가질 수 있는 남자'를 연기한다. 반면 남성의 침입을 차단하고 싶어 하는 유린은 '다른 남자가 선점한 여자'를 연기한다. 그것이 두 사람을 안전하게 만드는 각기 다른 방식이다.

이성애 권하는 사회

2018년 11월, 이제는 사법 시스템의 불의를 목도한 백성들의 신문고가 되어버린 청와대 온라인 청원 게시판에 또 하나의 처절한 읍소문이 올라온다. "부하 여군을 강간한 두 명의 해군 간부를 처벌해주십시오"라는 제목의 게시물은 2018년 3월 군대 내 첫 미투 케이스의 재공론화를 촉구하고 있었다. 2010년, A 소령이 직속 부하인 B 중위(현 대위)를 상습 성추행 및 강간하고, 정황을 인지한 C 중령이 B를 재차 강간한 사건이었다. 조직을 향한 충성심과 책임감으로 7년간 침묵을 지켜온 B 대위가 자신의 피해를 입증하는 과정은 지난했다. A의 배우자는 B 대위를 상대로 '가정파괴' 등을 들어 보복성 고소를 진행했다. 가장 경악할 국면은 A와 C에게 각각 징역 10년형과 8년형을 선고했던 군사고등법원의 원심 판결이 항소를 통해 완전히 뒤집힌 것이다. 항소심 결과는 무죄였다.

위계에 의한 성폭력, 2차 가해, 군사문화의 폐단 등 다각도의 논점이 중첩된 이 사건은 특히 교정강간(corrective rape)의 정황이 포착되면서 여성의 공분을 샀다. 『시사저널』과의 인터뷰에 따르면 B 대위는 사건 시점 이전에 가해자에게 커밍아웃한 상태였다.[1] 130명이 탑승하는 함선의 유일한 여성 군인으로서 일종의 '보호막'을 요청하는 차원이었다. 그러나 이 사실이 알려지면서 조직 내에는 오히려 B 대위를 "대상화하며 이야깃거리로 삼는" 분위기가 생겼다. "1차 가해자는 '첫번째'가 돼 좋다고 어필했고 (남자를) 가르쳐 주겠다는 식으로 얘기했다. 그리고 '여자들끼리 (성관계를) 어떻게 하냐' '남자 경험이 없어서 그런 것 아니냐'는 비하 발언도 서슴지 않았다"라는 B 대위의 진술은 전형적인 교정강간의 가해 논리를 보여준다.

'톰보이'라는 이유로, 레즈비언 바에서 목격됐다는 이유로, 오픈리 레즈비언이라는 이유로 강간 및 윤간을 당하는 여자들이 있다. 교정강간은 이성애규범성(heteronormativity)을 교란시키는 외양 및 성지향성을 가진 사회 구성원을 '치료' 혹은 '교정'하겠다는 발상에 근거한 성폭력이다. 그래서 흔히 '남자를 가르쳐주겠다'거나 '진짜 여자'가 되게 해주겠다는 식의 언어폭력을 동반한다. 교정강간이라는 용어가 처음 제안된 남아프리카 등지에서는 교정강간이 가족이나 지역 커뮤니티의 주도 및 알선으로 이뤄진다. 교정강간 피해자는 강간 외에도 성병, 원치 않는 임신, 폭행과 살인 등 부가적인 피해에 노출된다.[2] 퀴어혐오가 만연한 사회에서는 교정강간 케이스의 집계조차 어려운데, 피해자가 스스로 신고하기를 포기하거나 신고한다 해도 경찰이 제대로 접수하지 않기 때문이다.

레즈비어니즘을 남성성에 대한 모욕이자 남성 권력의 감소로 받아들이는 이성애자 남성의 섹슈얼리티 인식을 교정강간의 동기로 지목하는 견해[3]에는 어느 정도 설득력이 있는 것처럼 보인다. 호모포비아들은 남성기 두 개가 만난 성교는 '죄악적'이거나 '타락한' 섹스라며 두려워하는 한편, 남성기가 없는 성교에서는 쾌락의 가능성 자체를 봉쇄하려 한다. 그들에게, 남성과의 관계 밖에서 쾌락을 달성하는 여성은 존재해서는 안 된다. 레즈비어니즘은 남성기의 전능성을 숭배하는 남성기 신화와 그 위상 위에 쌓아올려진 남성 문화의 온전성을 훼손하기 때문이다. 이 균열을 봉합하려면 레즈비어니즘은 반드시 '눈뜨지 못한' 여성의 한시적 방황이어야만 한다. 그것이 남성기로 레즈비언을 '눈뜨게' 하는 서사의 전제 조건이다.

레즈비어니즘이 불완전한 것, 미완성인 것, 과도기인 것, 유동적인 것이어야만 한다는 열망으로 인해 여성의 동성애는 유사연애로 하향 조정된다. 「청아와 휘민」(2016~2018)의 청아는 전형적인 부치[4]다. 청아가 여고에 한 명쯤 있는 왕자님이던 시절부터 누군가는 그를 '남자 대용품'이라 불렀다. 모친은 청아의 성지향성이 "여학교만 다녀본" 소녀의 착각이라 생각하며, 청아의 부친은 "좋아하는 남자를 만나면" 청아의 스타일이 바뀌리라 믿는다. 「내 자식의 사생활」에는 유린의 모친 박선영이 레즈비언으로 정체화했던 고교 시절을 회상하는 장면이 나온다. 부모는 "동성연애 놀이"를 한다며 박선영을 걱정하고, 교사는 여고생들의 '호기심'이라며 박선영을 회유한다. 「안녕은하세요」의 박보금은 아웃팅을 계기로 쫓겨나다시피 집을 나와 고모와 살게 되었다. 오랜만에 만난 여동생은 박보금에게 묻는다. "언니, 아직도 레즈야?"

노 민즈 노(No means No)

「안녕은하세요」의 주인공 안영은에게는 비밀이 많다. 2년 전, 엄마가 강간으로 결혼했다고 고백했다. 내가 강간으로 태어난 아이라는 충격도, 아빠가 하루아침에 모르는 남자로 변해버린 혼란도, 아직 '공부해야 할 나이'인 남동생 영욱에게는 비밀이다. 뒤이은 엄마의 졸혼 선언은 안영은에게 또다른 비밀을 떠안겼다. 아빠와 형식적인 동거인 관계를 유지하면서 새로운 연애를 시작한 엄마는 이 사실이 동네 사람들의 입방아에 오르내리길 원치 않는다.

소꿉친구 정국민에 관한 비밀은 이불 속에서 함께 놀던 아동기부터 시작되었다. 빚쟁이 아빠와 채무관계로 엮인 남자의 아들, 불쌍한 엄마와 친구가 되어준 여자의 아들, "고마우신 분들"에 대한 부채감으로 시작한 우정은 견딜 만했다. 정국민이 안영은을 '여자'로 보기 전까지는. 정국민은 안영은이 눈뜨고 있을 땐 애정을 강요하고, 자고 있을 땐 방에 들어와 안영은의 몸을 만진다.

아무도 문제를 제기하지 않으면 곪아 터진 관계들도 괜찮아 보인다. 습관이 되어버린 미소로 모두의 평화를 지탱해온 안영은에게는 짐을 싸는 버릇이 생겼다. 억지로 붙여

놓은 가족도, 정국민이 제 안방마냥 드나드는 집도, 모두가 이웃이고 동창이고 친구인 좁디좁은 동네도 떠나고 싶다. 그럼에도 달아날 틈을 엿보기만 할 뿐, 늘 같은 자리를 맴돌던 그에게 뜻밖의 행운이 날아들었다. 오랫동안 연락이 끊겼던 고교 동창 박보금을 길거리에서 마주친 것이다. 남에게 말 못할 사연도 박보금에게만은 술술 털어놓게 된다. 마침 박보금의 고모가 운영하는 원룸텔에는 노는 방도 있다. 안영은은 박보금의 지원으로 생애 첫 가출을 단행하지만, 그토록 편안하고 고마운 박보금에게도 모든 것을 다 말할 수는 없다. 안영은은 레즈비언이고, 박보금은 그에게 첫사랑이었으며, 이제 와서 박보금을 다시 좋아하기 시작했기 때문에.

박보금과 안영은 얘기를 하기 전에 정국민부터 처리해보자. 「안녕은하세요」의 주된 갈등 중 하나인 정국민의 젠더 폭력에는 두 가지 층위의 차별이 겹쳐 있다. 하나는 모든 인간을 이성애자로 상정함으로써 발생하는 성소수자 차별이고, 다른 하나는 여성차별이다. 정국민은 자신의 욕망이 거부당하는 현장에서 당혹해하고, 자존심 상해하고, 억울해하느라 안영은의 감정을 무시한다. 차별의 적극적 행위자는 정국민이지만, 안영은을 둘러싼 세계 역시 정국민과

공모한다. 주변인에게 정국민은 안영은만 바라보며 순정을 바치는 기특하고 가여운 남자고, 안영은은 이유없이 튕기며 정국민을 희망 고문하는 매정한 여자다. 두 사람이 언젠가 맺어지리라는 막연한 기대는 안영은을 짓누른다.

그것이 '열 번 찍으면 안 넘어갈 나무 없다'는 말이 예사로운 세상에서 구애당하는 여자와 구애하는 남자를 해석하는 방식이다. 이 편향성은 여성으로부터 '노(no)'라는 언어를 빼앗아갔다. 여성의 '노'는 자신의 욕망을 인지하거나 표현하지 못하는 '불능'의 증거이므로 안영은의 거절은 무기한 반려된다. 여성의 '노'는 남성을 희롱하는 '쌍년'의 징표이므로 안영은은 거절 이후를 두려워한다. '노'라고 말하는 여자가 백치 또는 마녀로 규정되는 현상으로부터 우리는 어떤 진실을 퍼올릴 수 있다. 이 사회에서 여성의 '정상성'이란 남성적 욕망과 (얼마나) 호응하는가를 척도로 계측된다는 것이다.

「안녕은하세요」의 정국민 에피소드는 비성소수자 여성도 공감할 만한 고통을 묘사하면서, 그 보편성으로 여성인 성소수자와 관계한다. 「내 자식의 사생활」에서 남자에 무관심한 유린이 박정민에게는 정복욕을 자극하는 '타입'으로 분류될 때, 유린에게 거절당한 남자가 "레즈냐"라는 추궁으로 항의를 표현할 때, 그리고 유린의 '노'가 결국 유린을 비난하는 여론으로 돌아올 때, 세계가 유린에게 요구하는 바는 동일하다. 그것은 남성의 욕망에 호응하라는 요구다. 「청아와 휘민」의 청아처럼 티 나는 레즈비언('부치')을 향한 세계의 요구도 마찬가지다. '여자답게 굴라'는 요구는 결국 남성이 욕망할 만한 대상이 되라는 의미다.

레즈비어니즘은 남성의 요구와 늘 불화한다. 그래서 '비정상'이다. 그것이 안영은의 성지향성을 알게 된 정국민이 헐레벌떡 지인들에게 달려가 아웃팅을 시작하는 이유다. 수년간 이어진 성추행을 인지해왔다고, 남자 정국민이 아니라 인간 정국민이 싫다고 안영은이 아무리 크게 외쳐도 정국민에게는 안영은이 레즈비언이라는 말만 들린다. 정국민은 안영은의 '비정상성'을 자기 '정상성'의 알리바이로 사용한다. 안영은이 비정상이어야만 정국민의 좌절된 욕망은 정국민 그 자신의 결함과 무관해질 수 있다. 정국민에게 안영은이 레즈비언이라는 사실은 자신이 별 볼 일 없는 남자가 아니라는 증거로서만 유의미하다.

여자, 퀴어, 여자 퀴어

성소수자 차별의 원인이 암컷과 수컷의 결합만을 '정상'으로 인정하는 이성애 중심 사회와 그 구성원들의 편견이라는 말 자체는 틀리지 않다. 그러나 이성애주의(heterosexism)/호모포비아라는 단일한 분석틀로 성소수자 사회 현상을 연구하는 접근법에는 명백한 한계가 있다. 안티레즈비어니즘을 가로지르는 성차별과 여성혐오를 누락하기 때문이다.5 여성 퀴어는 여성으로서 차별당하고, 퀴어로서 차별당한다. 이 두 가지 억압의 축은 엇갈리면서 '여성 퀴어' 차별이라는 교차점을 발생시킨다. 남아프리카의 레즈비언 교정강간은 흑인, 여성, 성소수자라는 세 가지 피억압성이 교차하는 현상으로 분석되곤 한다. 그가 빈곤층이라면, 장애인이라면, 이 축들이 다시 맞물리면서 새로운 억압의 점들이 생겨날 것이다. 이렇듯 성별, 인종, 계급, 장애, 종교, 지역 등 사회적 정체성을 구성하는 다양한 범주들이 상호작용하며 억압을 강화하는 구조에 주목하는 연구 방법론을 교차성(intersectionality) 이론이라고 한다.

교차성을 의식하지 않은 소수자 담론의 문제점은 집단 내에서도 상대적으로 특권을 가진 계층에 담론 생산의 주도권을 내어준다는 것이다. 즉 공론장 접근성이 높으면서 청자의 존중을 받을 만한 화자가 대표성을 가져가게 되면서 공론장 내에서도 권위가 발생한다. 제1세계 페미니즘의 중산층-백인-여성 중심성은 교차성 페미니즘의 주된 비판 대상이다. 마찬가지로 제1세계의 퀴어 담론은 백인-중산층-남성-동성애자의 이익을 앞당기면서 저소득층 유색인종 LGBTQ+의 의제를 주변화해왔다. 여성이 사회적 소수자라는 인식이 희박했던 시기의 국내 상황도 다르지 않았다. 성소수자 인권 운동의 메인스트림을 게이가 주도하는 가운데, 퀴어 집단에서조차 하위 주체화된 여성 성소수자의 위치는 메갈리아의 도래 이후에 비로소 가시화되었다.

2017년 서울퀴어문화축제는 공식 애프터파티에서 여성에게 두 배가량의 성별 차등 입장료를 적용했다. 2018년 5월 '익선동 야간개장'은 퀴어 행사를 표방하면서도 여성혐오적 문구('리얼 보갈 컬처')를 내세워 게이 중심의 홍보를 기획했다. 같은 해 7월 '페미퀴어타이포그라피'를 부제로 열린 한국타이포그라피학회 학술대회는 연사자 및 발표자 총 8인 중 2인만을 여성으로 구성했다. 2019년 서울퀴어문화축제는 중국의 게이 데이팅 앱 '블루드^{Blued}'와 스폰서십을 체결했는데, 해당 기업이 게이 커플을 위해 대리모를 연결해

주는 서비스인 '블루드 베이비Blued Baby'를 운영하고 있다는 사실이 알려지면서 다시 한 번 논란이 됐다.6 레즈비언 및 연대자들의 지속적인 항의로 행사 주최측은 홍보물 폐기, 시간표 수정, 스폰서십 철회 등의 조치를 했지만 완전히 만족스러운 수준은 아니었다. 이들의 입장문은 여전히 '여성차별이나 여성혐오가 아니'라는 견지를 고수하고 있었으므로.

페미니즘은 '퀴어'가 게이와 이음동의어처럼 인식되고, '퀴어 프렌들리'는 곧 게이 문화에 대한 불가침적 존중을 의미했던 시기를 넘어서게 했다. 게이 커뮤니티 내의 여성혐오를 그들만의 음지문화로 놔두어선 안 된다는 인식이 퍼지면서 퀴어 웹툰 작가 변천의 「퀴어툰」은 오랫동안 면해온 비판을 감수해야 했다.7 문제가 된 연재분은 두 개였다. 게이들이 터를 잡은 카페에서 남자친구에게 꽂히는 시선을 오해하고 '자뻑'에 취한 여성을 "뽈록이냔"이라고 멸시하는 '인사동 스캔들', 그리고 게이가 퀴어 번화가에서 '골뱅이'를 주워 모텔에 데려갔다가 옷을 벗겨보고 나서야 '부치'임을 알고 경악하는 '아무거나 먹지 마세요'다.

남성애자로서 이성애자 남성을 욕망하면서(인사동 스캔들), 혹은 남성으로서 강간 문화를 복제하는 방식으로(아무거나 먹지 마세요) 남성 문화 헤게모니와 비판적 거리두기에 실패한 「퀴어툰」 속 게이 문화는 여성혐오로 굴절된 억압감을 표출하고 있었다. '뽈록이' '가위충' '뒷보지' '보갈' 등 여성을 무차별적으로 공격하는 게이 커뮤니티의 은어들은 그들이 전복하려는 대상이 이성애 권력조차 아님을 보여준다. 표적은 시스젠더[8] 여성의 육체 그 자체였다. 또다른 사회적 약자인 여성으로부터 전복 또는 해방을 찾는 문화는 혐오일 뿐이라는 페미니스트들의 지적은 기존의 게이 중심 퀴어 담론에는 꽤 불편한 소리였을 것이다. 이 의견에 동의하려면 성소수자 남성이 가진 어떤 특권을 인정해야만 하기 때문이다.

작품 내의 젠더 감수성이 다소 뭉툭할지언정 「내 자식의 사생활」에는 흥미로운 지점이 있다. 이 작품은 특유의 해맑음으로 말하고자 하는 바보다 많은 것을 말해버린다. 성공적인 커밍아웃을 위해 오준이 넘어야 할 가장 높은 산은 누나 오하나다. 오하나는 전형적인 호모포비아의 논리로 오준의 소수자성을 공격하지만, 작품은 오하나에게도 나름대로의 사연을 붙여준다. 오준은 그가 원했건 원하지 않았건 출신 성분이 귀하다. 그는 첫째 손주로 딸을 낳아 괄시당하던 어머니가 목숨을 걸고 낳은 '독자'다. 오하나는 할머니가 어머니에게 언어폭력을 일삼는 현장에 있었다. 할머니는 어린 오하나도 눈치챌 만큼 노골적으로 아들 손주와 딸 손주를 차별했다. 오준은 이 모든 내막을 '몰라도 되는' 기득권을 가졌다.

성차별적인 가족 문화의 '귀한 아들' 오준과 '한국 딸' 오하나 사이에 감도는 긴장은 소수자 정체성이 얼마나 혼란스러운 공간인지 보여준다. '다른 사람은 몰라도 넌(오준은) 안 돼!'라고 내적 비명을 지르는 오하나의 얼굴은 혐오보다 공포에 가깝게 보인다. 어머니의 인생에 과몰입한 오하나는 아들 낳은 보상을 제공하지 못하는 오준을 용납할 수 없다. 그는 오준이 다른 아들들처럼 평범하게 정상 가족을 꾸림으로써 어머니에게 보상해야 한다고 생각한다. 그래서 오하나는 분열적이다. 오준이 가부장제의 선봉에서, 아마도 다른 여성의 대리 효도로 이룩될 기쁨을 가져오길 열망하는 오하나 자신조차 여성이기에.

서로에게 억압자인 동시에 피억압자인 오준과 오하나 사이에는 피해와 가해가 교차한다. 오하나는 미워할 이유가 생기길 기다려왔다는 듯 오준의 약자성을 향해 스트레스를 방출한다. 옳지 않다. 그러나 술에 취해 오하나의 멱살을 잡는 오준은 어떻게 해석되어야 하는가? 오준의 썸남

주창수는 유린을 처음 만난 자리에서 대뜸 유린의 외양이 '부치'와는 달라서 "진짜 레즈" 같지 않다고 지적한다. 오준은 왜 이 무례한 행동에 유린이 홀로 항의하도록 방관하는가? 왜 오준은 주창수보다는 유린을 먼저 말리고 싶어 하고, 좋지 않은 낌새를 채고도 주창수와의 관계를 이어나가는가? 여성이라는 문제를 배제하고는 이런 관계의 역학을 완전히 설명할 수 없다. 그래서 우리에게는 교차성이 필요하다. 성별 권력의 존재를 없는 셈치는 퀴어 담론이 여성 퀴어를 대변하지 못하는 것처럼, 한국 사회에 작동하는 다양한 권력 기제를 의식하지 않은 소수자 담론은 누군가에게 늘 헐거울 수밖에 없으므로.

우리 계속 사랑할 수 있을까

매년 미국인구조사국에서 실시하는 미국사회조사(American Community Survey Data)는 동성 커플에 관한 예상을 숫자로 입증한다.9 남성 동성 커플의 연평균 가계소득은 이성애 커플의 가계소득을 압도한다(2017년 각각 10만 4,130달러/7만 7,135달러). 그러나 레즈비언 커플의 가계소득 역시 이성애 커플을 살짝 웃돈다는 사실은 조금 의아하다 (2017년 8만 2,063달러). 성별 임금격차가 '꼴페미의 피해망상'이 아니라면, 어떻게 여성+여성 조합이 남성+여성 조합의 경제력을 능가할까? 실마리는 교육 수준이다. 파트너 중 최소 한 명이 학사 이상 학위를 소지한 커플의 비율은 게이(41.05%), 레즈비언(38.1%), 이성애자(27.15%) 순으로 높았다.[10] 이로부터 교육 수준이 높은 동성 커플이 상대적으로 고소득 직군에 종사하리라고 추론해볼 수 있다.

2016년 미국 동성 커플의 가계소득을 분석한 『시애틀 포스트』의 기사는 절대 소득 비교로 인한 착시현상을 보완한다.[11] 같은 해 미국 재무부의 보고서에 따르면 미국 내 동성 커플은 대체로 양질의 일자리가 많은 대도시에 군집한다(교육 수준이 소득 격차를 발생시킨다는 추론은 타당해 보인다). 해당 기사에서는 지역 자본의 변수를 제거하기 위해 우편번호(지역)를 비교 기준으로 세운다. 그러자 레즈비언 커플의 평균 가계소득은 이성애자 커플보다도 낮아졌다(또한 레즈비언 커플은 게이 커플보다 소규모 도시나 교외에 분포하는 경우가 많았다). 비슷한 수준의 교육 자본과 지역 자본을 가진 게이 커플과 레즈비언 커플의 현저한 소득 격차는 결국 성별 임금격차가 어떤 여성도 비껴가지 못할 방해물임을 보여준다. 여성과의 파트너십을 꿈꾸는 여성에게라면 더더욱.

그러니 경제적 불안은 레즈비언을 늘 쫓아다니는 문제일 수밖에 없다. 동성혼 법제화나 생활동반자법이 실현된다고 해도 고용 불안정, 임금격차, 승진 차별 등 노동시장에서의 성차별은 레즈비언에게 또다른 현안으로 남겨질 것이다. 연상 '펨'12과 연하 '부치'의 연애담을 그린 「청아와 휘민」도 입부에는 제법 현실적인 깊이감이 있다. 휘민은 이번 인사고과에서 또 미끄러졌다. 승진자 명단에 여자 이름은 없었다. 결혼하라고 보채는 사람들의 목소리가 귀에 어른거린다. 과외 선생과 학생에서 연인으로 발전한 청아와의 비밀 연애가 소꿉장난처럼 느껴지기 시작했다. 커밍아웃을 할 계획도 없으면서 데이트에서 툭하면 부모님 카드를 꺼내고, 휘민의 내적 갈등을 알지도 못한 채 저돌적인 순애보에 심취해 있는 대학생 청아는 아이처럼 보인다.

20대 레즈비언 드라마를 구성하는 갈등 요소는 크게 첫사랑(정체화), 가족(커밍아웃), 정착(미래)으로 나뉜다. 첫사랑에는 실패했지만 이제 막 솔로 탈출에 성공한 「내 자식의 사생활」의 유린은 커밍아웃을 목표로 달린다. 「청아와 휘민」의 청아는 첫사랑(휘민)과의 지속가능한 관계를 위해 벽장에서 나오기를 선택한다. 두 작품의 서사에서 커밍아웃이 급선무로 부상하는 이유는 그것이 실질적으로 정착(미래)이라는 테마와 중첩되어 있기 때문이다. 교육 수준이 높고 진보적인 중산층 양육자가 길러낸 아이들인 유린과 청아의 전망은 제법 밝다. 건축학과 졸업을 앞둔 청아는 노후 걱정 없는 부모의 전폭적인 지원을 받고 있으며, 그의 곁에는 일찍이 원가족에서 독립해 평균 이상의 경제력을 갖춘 휘민이 있다. 유린은 대학교수인 어머니와 동거하며 경찰공무원 시험을 준비중이고, 유린의 여자친구 민지영은 유능한 검사다. 안정적인 연상 파트너와의 결합이 미래에 대한 염려를 줄여주므로, 유린과 청아에게는 사회적 안전망의 결핍이 가장 큰 불안 요소로 남는다. 등장인물들은 바로 그러한 이유로 가족이라는 작은 사회의 승인을 갈구하고 있는 것이다. 커밍아웃을 통해 사적인 차원에서나마 안전망을 회복하면 막을 내릴 「청아와 휘민」과 「내 자식의 사생활」의 해피엔딩은 결국 두 가지 조건에 의해 지탱되고 있는 셈이다. 이상적인 양육자와 이상적인 파트너라는, 둘 중 하나조차 뜻대로 좌우하기 어려운 조건 말이다.

애처가형 착취자인 오장헌(오준의 부친)의 가부장성을 구체적으로 묘사하면서도 여성 캐릭터의 입을 빌어 '좋은 남

「안녕은하세요」 4화 '여전하지' 중에서

자'로 평가하는 「내 자식의 사생활」의 모순감은 이 시대의 여성 독자가 소화하기엔 다소 거북한 것이 되고 말았다. 심약한 어머니를 선량하고 무해한 아버지가 다독이는 「청아와 휘민」의 가족 풍경도 너무 환상적이다. 여성혐오를 분명히 의식한 「안녕은하세요」의 작가 검둥이 묘사하는 '평균 가족'의 모습은 마냥 온전하지 않다. 박보금과 안영은에게 오래전부터 분열되어 있던 가족은 안전망이 아니라 탈출의 대상이다. 그들은 아버지를 용서하지 않는다. 어머니와의 관계는 보류되어 있다. 나를 보호해주지 못한 어머니와 화해할 수 없지만, 나와 같은 피해자인 어머니를 외면할 수도 없는 마음, 그것만이 유일한 고민이다.

「안녕은하세요」는 첫사랑, 가족, 정착이라는 세 가지 목표를 모두 현재진행형으로 몰아넣고 동시다발적으로 전개한다. 대리 보호자인 고모에게 얹혀 살아온 박보금은 성인이 되자마자 노동전선에 뛰어들었다. 외주 디자이너인 그는 일을 거절하면 일이 끊길까봐, 혹은 고모를 향한 부채감을 하루빨리 털어내기 위해 시쳇말로 수명을 깎아가며 일한다. 유아동 대상 미술학원 보조교사인 안영은은 원생의 보호자인 남중생의 성희롱을 못 견뎌 직장을 그만뒀다. 새 일이 좀처럼 구해지지 않는다. 안영은은 박보금이 고모 대신 관리하던 원룸텔의 총무를 맡아 주거비를 충당한다. 원룸텔은 박보금과 왕래하며 사랑에 빠질 가능성이 열려 있는 공간이지만, 낭만적으로 바라보기엔 너무 조마조마하다. 프라이버시가 없고, 무엇보다 안전이 없기 때문이다. 모르는 아저씨가 추근대는 원룸텔을 벗어나고 싶은 마음이 박보금과 부대끼며 연애하고 싶은 마음을 앞지른다.

여자들의 삶에서 일어날 법한 사건을 놓치지 않기에 「안녕은하세요」에서는 여성, 성소수자, 가족, 교육, 경제력, 주거, 안전, 소외라는 문제의 연쇄성을 발견할 수 있다. 딸이라서, 성소수자라서, 심리적인 집도 물리적인 집도 없게 된 이들의 출발선은 이미 또래와 달라졌다. 박보금은 자발적으로 대학 교육 기회를 포기했다. 휘민처럼 명문대에서 '세련된' 퀴어 동아리도 접할 수 없었을 박보금은 퀴어 커뮤니티로부터도 섬처럼 떨어져 있다. 전형적인 박봉 여초 직군에 종사하는 두 사람에게 내 집 마련은 요원해 보인다. 주거의 질이 낮기 때문에 안영은은 범죄에 노출된다. 박보금과 안영은이 서로의 빈 곳을 위로하고 마음을 깨달아가는 과정은 현실의 마취제가 되지만, "돈도 없고 집도 없고 안정된 직장도 못 구한" 안영은은 모든 것이 불안하기 때문에 연애를 시작할 수도 없다. 아직 스물셋, 삶의 기반을 잡지 못한 두 사람의 미래는 선뜻 그려지지 않는다.

　레즈비언 서사의 절대량이 부족한 가운데 무엇이 더 뛰어난 작품인지를 가려내는 것은 아주 큰 의미는 없을 것이다. 레즈비언의 현실이 어둡게 그려져야만 할 이유는 없고, 실제로도 늘 그렇지만은 않을 것이다. 때로는 어느 정도의 판타지가 현실을 견뎌내는 힘이 되기도 한다. 다만 「안녕은 하세요」 같은 이야기가 좋은 이유는 레즈비언이 삶에서 봉착할 법한 난관들이 어떻게 생겼는지 누구나 조금씩 더듬어 볼 수 있기 때문이다. 우리 사회는 아직도 레즈비언을 잘 모른다. 중년이 되고 노년이 된 레즈비언들이 어디에서 무엇을 하고 있는지는 더더욱 모른다. 그래서 '백합'이라는 장르를 뛰어넘어 좀더 현실적인 레즈비언 서사가 어디서나 들려올 수 있기를 바란다. 우리가 같고도 다른 존재임을 의식하면서 서로를 향한 태도를 정교화할 때, 우리는 좀더 올바르게 연대할 수 있으므로.

주

1. 「[단독] 軍 첫 미투 폭로… '성폭행 피해' 女장교 인터뷰」, 『시사저널』, 2018.3.26.

2. "The Brutality of 'Corrective Rape'," *The New York Times*, 2013.7.27.

3. A. Geduld, R. Koraan, "Corrective rape of lesbian in the era of transformative constitutionalism in South Africa.", *Potchefstroom Electronic Law Journal*, vol. 18, no. 5, 2015.

4. 전통적으로 '남성적'이라 규정되는 특질을 수행하는 레즈비언을 일컫는 호칭이다.

5. Meyer, Doug, "An Intersectional Analysis of Lesbian, Gay, Bisexual, and Transgender (LGBT) People's Evaluations of Anti-Queer Violence," *Gender & Society*, vol.26, no.6, pp.849~873, 2012.

6. "A Chinese Dating App for Gay Men Is Helping Them Have Kids, Too," *Bloomberg*, 2019.3.21.

7. 변천 작가는 2018년 6월 11일 트위터 계정을 통해 "여성과 약자들을 향한 미소지니와 편견이 저에게도 있었다는 점을 깨달았다"며 "여성혐오적인 장면들과. 단어 사용에 불쾌감을 느낀 분들께 사과드린다"는 입장문을 작성했다.

8. 출생 시 부여된 신체적 성별과 성(젠더)정체성이 일치하는 사람을 일컫는 말이다.

9. United States Census Bureau, "Characteristics of Same-Sex Couple Households: 2005 to Present"(https://www.census.gov/data/tables/time-series/demo/same-sex-couples/ssc-house-characteristics.html).

10   "7 Stats We Just Learned About Same-Sex Couples", *Business Insider*, 2014.9.21.

11   "Married gay couples beat straight couples in income", *The Seattle Times*, 2016.9.12.

12   전통적으로 '여성적'이라 규정되는 특질을 수행하는 레즈비언을 일컫는 호칭이다.

냉장고에서 뛰쳐나온 여자들

박지은 「아메리카노 엑소더스」(2014~2019)

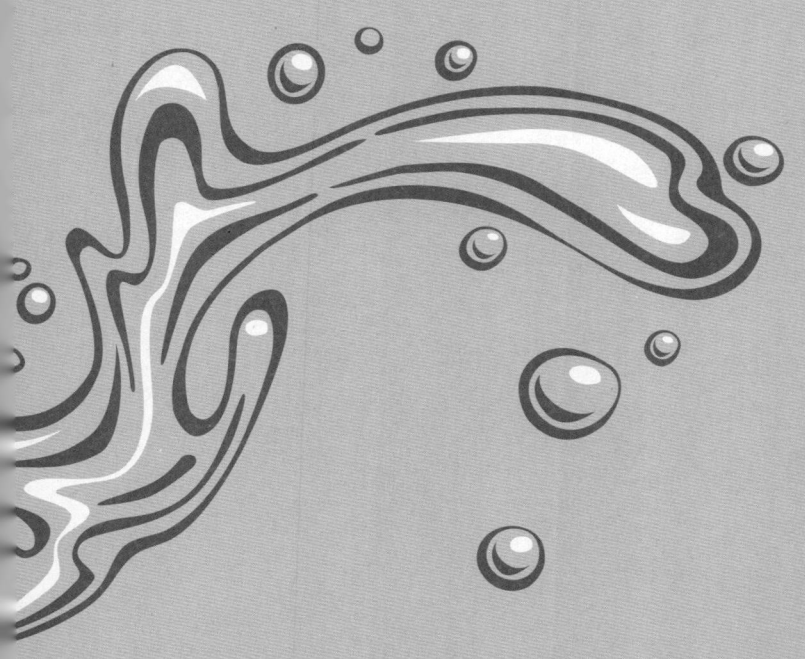

깜짝 선물

집에 돌아온 남성 히어로 카일 레이너는 여자친구 알렉산드라 드위트를 찾는다. 여자는 대답이 없다. 마침 식탁에 쪽지가 남겨져 있다. "냉장고 안에 깜짝 선물이 있어. 사랑하는 알렉산드라." 카일은 냉장고 문을 연다. 사람이 욱여넣어져 있다. 알렉산드라의 시신이다. 악당 메이저 포스의 고약한 도발에 카일 레이너의 얼굴은 고통과 분노로 일그러진다. 1994년 연재 당시 독자들을 충격에 빠뜨렸던 DC 코믹스 「그린 랜턴」 에피소드 54의 한 페이지다.

5년 뒤, 게일 시몬Gail Simone[1]과 동료들은 「그린 랜턴」의 비극적 장면에 착안해 '냉장고 속 여자들(Women in Refrigerators)'이라는 웹사이트를 개설한다. '냉장고 속 여자들'에는 죽거나, 능력을 잃거나, 납치당하거나, 강간당하거나, 타락하거나, 장애를 얻거나, 고문당하거나, 병에 걸림으로써 "남성 캐릭터의 스토리 축을 이동"시킨 코믹스 여성 캐릭터의 명단이 게시되어 있었다. 남성 주인공에게 극한의 시련을 주라는 소임을 품고 태어나, 잔인하게 파괴당하고 나면 폐기되는 여성 캐릭터를 '냉장고 속 여자'로 제유한 것이다.

이 프로젝트의 목적은 단순 리스트업이 아니었다. 운영진은 각종 온라인 경로로 해당 리스트를 배포하는 동시에 원작자들에게 피드백을 요구하기 시작했다. 「그린 랜턴」의 한 장면을 여성주의적 텍스트 분석 도구로 재창안한 이 '피해망상증 남혐 페미니스트'[2]들의 깜짝 선물은 순식간에 논쟁거리로 부상했다. 웹페이지에는 코믹스 관계자 및 팬의 반응과 일부 원작자의 응답이 차곡차곡 아카이빙되었다. 그리고 문제제기 4년 만인 2003년에는 발상의 진원지인 「그린 랜턴」 작가로부터 피드백을 받아내기에 이른다.

'냉장고 속 여자들'의 업데이트는 멈췄지만, 여자를 보관한 냉장고들의 행렬은 끊일 줄을 모른다. 드라마 「비밀의 숲」(2017)은 비전형적으로 디자인한 여성 캐릭터로 여성 시청자에게 호평받고도 그를 냉장고에 집어넣어 되레 원성을 산 케이스다. 아버지의 명예 회복을 위해, 가문의 복수를 위해 악착같이 달려드는 야망형 캐릭터는 줄곧 남성들이 독점해왔다. 이 역할을 가져갔던 여성 검사 영은수(신혜선)는 남성 검사인 황시목(조승우)과 때로는 협업하고 때로는 반목하며 범인을 추적한다. 그랬던 그가 결말을 코앞에 두고 갑작스럽게 범인에게 살해당한다.

영은수의 서사가 종료됨으로써 황시목의 서사는 더욱 탄력을 받았다. 황시목은 영은수가 독립적으로 진행하던 수사 지분을 양도받고, 감정이 마비된 캐릭터라는 설정을 위반하는 재미까지 더하며 대단원을 향해 달려갈 수 있게 되었던 것이다. 그래도 영은수 정도면 신사적인 대우를 받은 편이다. 여성 캐릭터를 가장 그래선 안 되는 순간에, 가장 그래선 안 되는 방법으로 무력화하는 데 골몰하는 한국의 남성 서사는 여성의 성을 경쟁적으로 학대해왔다.

시체 구경

영화 「악마를 보았다」(2012)는 국정원 경호 요원 김수현(이병헌)과 연쇄 강간살인범 장경철(최민식)의 개싸움에 여성이라는 연료를 아낌없이 들이붓는다. 이 영화에서 여성 캐릭터가 받는 가혹한 대우는 사이코패스 장경철의 악마성을

아메리카노 엑소더스
◆ AMERICANO EXODUS ◆

출처 네이버 웹툰 「아메리카노 엑소더스」
작가 박지은

재현하는 도구이자, 모범 시민 김수현의 악마성을 자극하는 장치다. 대결 구도는 장경철이 김수현의 약혼자인 주연(오산하)을 살해하면서 성립된다. 토막 살인의 피해자가 임신까지 한 약혼자라는 설정은 김수현을 효과적으로 '돌아버리게' 만든다. 김수현이 사적 보복을 시도할수록 장경철은 더 많은 여자를 희생시켜 김수현에게 앙갚음한다. 교복 입은 학생을, 시골 의원 간호사를, 주연의 동생을.

영화 「신세계」(2012)의 주인공은 폭력 조직에 위장 잠입한 남성 경찰 이자성(이정재)이다. 장기화된 스파이 활동으로 적이 불분명해진 이자성에게 마침내 양자택일의 순간이 왔다. 이자성의 정체를 의심하는 조직원들이 험악한 분위기를 조성한 가운데, 여성 경찰 신우(송지효)가 드럼통 속에 담겨 끌려온다. 이자성의 손에는 총이 쥐어진다. 조직의 신임을 얻으려면 죄 없는 동료를 죽여야 한다. 양심을 지키려면 목숨이 위태로워질 각오를 해야 한다. 성적 모욕을 받았음을 암시하듯 속옷 차림인 신우의 몸은 이자성의 내적 갈등을 증폭시킨다.

이런 작법은 이전까지 문제없이 통용되고 인기를 누리다, 드라마 「육룡이 나르샤」(2015~2016)에 와서 일각에서나마 질타를 받았다. 어린 시절의 땅새(윤찬영)에게는 무사로 각성할 계기가 필요하다. 그래서 작가는 땅새에게 첫사랑 연희(박시은)의 윤간 피해 현장을 목격하도록 만든다. 해당 장면은 극중 인물과 연기자가 미성년자라는 점, 그럼에도 선정적으로 연출했다는 점 때문에 더욱 비판을 받았다. 그러나 '이 정도'의 오점으로는 드라마의 흥행 가도를 막을 수 없던 2015년이었다.

여성 소비자의 파워를 체감해본 적이 없어서일까? 「신세계」 박훈정 감독은 2017년작 「브이아이피」로 기어이 '냉장고 속 여자'의 경지를 이룩했다. 네 명의 남성 연기자를 공동 주연으로 앞세운 이 범죄 스릴러물은 사이코패스 김광일(이종석)의 잔혹성을 열렬히 설명하고 싶어 한다. 그 목표에 아홉의 여성 연기자가 제물로 바쳐졌다. 대형 스크린으로 쏟아지는 여성의 도륙된 신체 이미지를 견뎌야 했던 여성 관객들은 엔딩 크레디트에서 폭발하고 말았다. 해당 연기자들의 역할명이 일제히 '여자 시체'로 이름 붙여져 있었기 때문이다. 삽시간에 불매 운동이 확산되었다. 사태의 심각성을 파악한 제작진은 수습 차원에서 '여자 시체'를 '여자'로 수정했다. 분노의 불길에 기름을 붓는 꼴이었다. 여자들이 하는 말을 알아들었다면 '여자'와 '시체' 가운데 여자에 대표성을 부여할 수는 없었을 터였다. 시체임을 내포하는 여자라는 기표는 여성 캐릭터를 육체라는 이벤트, 영혼 없는 소품, 플롯을 고양시키는 테크닉으로 동원해온 '남탕' 영화 산업의 해맑은 자기 고백일 따름이었으니까.

여성의 약자성조차 남자들의 이야기를 키우는 작은 조각으로 끼워넣는다는 점에서 '냉장고 속 여자'의 윤리적 결함은 치명적이다. 강력범죄의 타깃이 되는 여성의 현실을 오로지 개연성으로 파악하고, 그 이미지를 무신경한 태도로 재생산하는 남성 서사는 그 자체로 젠더권력의 복제물이다. '여자는 약하니까' 허구 세계에서도 시체가 된다. 때로는 예술적인 오브제인양, 때로는 도덕적인 고발인양, 때로는 자유로운 사고실험인양 재현된 여자―시체 이미지가 미디어에 범람하면서 여성의 비극을 엔터테인먼트로 소비하는 경향도 강해졌다. 여성 피해자의 신원과 범행 수법 묘사에 몰두하는 사회면 기사에서는 달뜬 숨이 느껴진다. 여자가 어떻게 맞고 강간당하고 죽는지 궁금해하는 군중은 구름떼를 이뤄 클릭 수로 규모를 증명한다. 소비자가 받는 자극의 역치는 점점 높아지고 창작자는 이 역치를 넘어설 자극을 고안한다. 영화가 관에서 내려간 뒤로도 여성의 수난 장면은 '실미도 간호사'나 '악마를 보았다 간호사' 같은 키워드로 온라인 세계를 떠돌며 남성 시청자를 흥분시킨다. 이

사육제에서 여성 관객은 철저히 소외되어 있다. 여성 관객은 정말로 픽션에서조차 이런 '현실'을 대면하기를 원했는가? 그렇지 않다면 여성은 누구의 상상력으로, 누구의 욕망을 보아온 것인가?

싸우는 '여자'

관보다도 작은 죽음의 공간, 팔다리를 구기고 몸을 웅크려야 겨우 들어갈 수 있는 직육면체. 냉장고는 '여자가 할 법한 역할'에 몸을 맞춰온 여자들의 종착지다. '다정한' '친절한' '사려 깊은' '가정적인' '평화를 지향하는' '연약한' '수동적인' 등 여성성이라는 범주에 수납된 수식어들은 여성의 세계를 수축시켜왔다. 젠더 규범 속에서 여성은 권력이나 완력과는 무관해야 옳은 존재다. 화내고 싸우는 여자는 '여자답지 않고' 그런 캐릭터는 '현실적이지 않다'. 그래서 여자는 상상 속 세계에서도 사건의 주변으로 밀려난다.

거대 자본의 제한을 받는 매스미디어에 비하면 2D 장르의 사정은 약간 나을 법도 하지만, 2D 장르의 자율성은 사실상 남성향 판타지의 무제한적 확장에 기여했다. 여성의 인격, 외양, 상태 등에서 남성이 욕망할 만한 특징을 추출해 기호품처럼 페티시화하는 '모에' 문화는 일등공신이었다. 안경 모에, 교복 모에, 유부녀 모에, 빈유 모에, 병약 모에 등 가능한 모든 여성의 상태가 모에의 블랙홀로 빨려 들어가는 가운데, 전투력과 호전성으로 무장한 여자도 예외일 수 없다. '싸우는 미소녀' 코드는 그렇게 형성되었다. 격투가치고는 가냘픈 외형에 첫인상과는 달리 파고들수록 여성적인 성정, 그 차이에서 발생하는 의외의 매력이 '갭 모에'를 자극하기 때문에.

웹툰 「신석기녀」는 '싸우는 미소녀' 모에를 전면에 내세운다. 괴력, 전투력, 불로불사의 생명력으로 신석기부터 죽지 못해 살아온 여주인공 강숙희에게는 잉여 초능력이 하나 더 있다. 타인을 치유하는 키스다. 이 정도의 초인인데도 강숙희는 어수룩하기 그지없다. 분단 이후 남한에 살면서도 북한말을 사용하고, 괴력을 고작 폐지 줍기에 쓰느라 늘 가난한 그에게는 도움이 절실해 보인다. 그런 강숙희가 속물 수의사 이재신을 만났다. 이재신은 반려동물 보호자를 등쳐 먹으며 불린 재산이 부질없게 폐암 말기를 선고받은 참이다. 이재신은 살고 싶어 하고, 강숙희는 후원자가 필요하다. 이제 두 사람이 입을 맞춰야만 할 조건이 갖춰졌다. 몸은 여고생, 정신은 때때로 그 이하지만, 실제 나이는 수천 살이라는 강숙희의 설정은 교복 미소녀 로맨스의 윤리적 책임을 피해갈 구멍을 만들어준다.

「신석기녀」와 같은 작명법으로 탄생한 「결계녀」의 서비스는 좀더 노골적이다. 주인공은 왜소한 체구의 오타쿠 남중생 박진수다. 여자 일진들의 노리개라 더 굴욕적인 교내 공식 '찐따' 박진수는 어느 날 학교생활의 희망을 발견했다. 재야의 격투기 고수인 동급생 정하윤이다. 박진수가 정하윤을 결계(보디가드)로 섭외하면서 「결계녀」는 여중생 중심의 타격감 있는 액션을 보여줄 듯한 기대를 불러일으킨다. 그러나 독자는 자꾸만 여학생들의 다리를, 발차기를 하는 정하윤의 치마 속을 들여다보게 된다. 두툼하고 윤기 나는 여성 신체의 물성을 강조하는 작화와 판치라[3] 덕분이다. 그리고 마침내 정하윤을 비롯한 다수의 여성 등장인물이 박진수에게 사랑을 느끼고 구애하려 할 때, 「결계녀」에 투사된 욕망의 주인이 누구인지는 더없이 선명해진다.

남성을 압도하는 능력을 가졌지만, 사랑하는 남자 앞에서는 무방비해지는 '싸우는 미소녀'들은 남성 독자에게 쉼없이 귀띔한다. 그들의 섹슈얼리티를 정복하라고, 그것이 그들의 위협적인 특출함을 상쇄하는 방법이라고 말이다.

싸우는 미소녀가 토해내는 성적·정서적 위안은 남성의 권력감을 결코 해치지 않겠다는 약속과도 같다. 이 약속을 철석같이 믿고 있는 남성 독자는 강한 여성 캐릭터를 만날 때마다 여성성을 부지런히 탐색한다. 목표물이 포착된 순간 쏟아지는 성희롱은 '남자보다 강한 여자'가 주는 불안의 크기를 줄이는 의식(ritual)에 가깝게 보인다. 그렇다면 그 같은 의식의 가능성이 봉쇄된 여성 캐릭터, 남성 독자에게 예뻐 보이고 사랑받는 일에는 통 관심 없는 전사-여성 캐릭터는 어떤 취급을 받게 되는가?

초능력 기술자 '퀑'이라는 콘셉트를 기반으로 우주 단위의 세계관을 쌓아올린 SF 웹툰 「덴마」의 사례를 보자. 여러 개의 퀑 기술을 조합한 '하이퍼 퀑'이 부대 단위로 쏟아져 나올 때까지도 작품에 여성 퀑은 없었다. 여성혐오적 유머 감각으로 마초 팬덤을 결집시켰던 「덴마」는 연재 햇수로 7년째인 2016년부터 전투형 및 리더십형 여성 캐릭터를 추가하기 시작한다. 이 회개의 제스처는 남성 독자를 조금 불편하게 했지만, 주연급 여성 캐릭터도 꾸준히 등장하면 정을 붙일 만했다. 그들은 대체로 미형이었기 때문이다. 그러나 '가우스'만큼은 달랐다. 거구의 몸집, 근육질 몸매, 주름진 이마, 카키색 피부에 저돌적 야심가인 여성 퀑 가

「아메리카노 엑소더스」 4화 중에서

우스를 향한 남성 독자의 조롱은 격렬했다.

종합격투기 학원물 「격기 3반」에도 유사한 국면 전환이 있다. 천부적 재능은 있으나 아직 각성하지 못한 주지태를 최강의 주짓수 격투가로 육성하겠다며 접근한 2학년 선배 '마리아 다카스코스'다. 종합격투기 명문인 남일고등학교 격기반에서도 "초괴물"이라 불리는 마리아에게는 평판과 어울리지 않게 모에한 구석이 있다. 마리아의 무표정과 쌀쌀맞은 태도는 어딘지 귀엽다. 마리아는 주지태가 입부 테스트를 받지 않으면 성추행으로 허위 신고하겠다며 '무고공포'를 자극하는 요사스러운 수를 쓸 줄도 안다. 그러나 작품은 마리아의 '쿨데레'[4]에 자석처럼 달라붙은 남성 독자들에게 별안간 철퇴를 내린다. 신입생 신고식에서 선배들을 치우고 서열 1위로 자리매김했던 과거를 회상하는 에피소드 '마리아'(20화)는 마리아를 악마로 묘사하는 데 총력을 기울인다. 성적 대상화가 완전히 제거된 피지컬, 압도적인 싸움 기술, 살인광처럼 광기 어린 눈빛을 자랑하는 마리아는 독자를 당혹스럽게 했다. 우리는 여성 캐릭터에서 이런 표현을 본 적이 거의 없었기 때문이다. '마리아' 에피소드를 둘러싼 남성 독자와 여성 독자의 반응 온도차는 확연했다. 댓글창에는 '캐붕'[5]이라며 울부짖는 남성 독자가 속출했다. "나의 마리아는 이렇지 않아!"라는 절규에서는 욕망을 거부당한 남자의 스트레스가 엿보인다. 그러나 본색을 드러낸 '초괴물' 마리아와 여성 독자의 욕망은 완전히 다른 방향의 화학작용을 일으켰다. 바로 해방감이었다.

못살겠다 바꿔보자

여자 무섭다는 말은 늘 반은 엄살이었고 반은 이죽거리는 소리였다. 처녀 귀신, 미친 여자, 꽃뱀, '오크'. 이 사회에서 공포라는 단어와 연결되는 여성 이미지는 그런 정도다. 여자의 '끔찍함'이 농담이나 괴담으로 흘려버리는 가십 소재로 머물러 있던 반면, 남자의 '끔찍함'은 인간성 탐구의 차원에서 꽤 심오한 태도로 다뤄지곤 한다. 남자의 몸으로 재현된 권력자, 히어로, 악당, 사이코패스, 범죄자 이야기에 세상은 질리지도 않고 경악과 찬사를 보냈다. 여자에게는 '진짜' 괴물이 되는 것조차 역부족이라는 듯이.

웹툰 「홍녀」와 「마스크걸」은 '여자 괴물'에 대한 낯설고 멋진 상상력을 보여준다. 각각의 주인공 '완두 엄마'와 김모미는 여자다. 그들은 살인자다. 그리고 영웅이다. 이 세 가지 정체성에는 역설적인 연결고리가 있다. 그들은 여자이기 때문에 살인을 저지르게 되고, 살인을 저지름으로써 영웅이 된다. 못생겼다는 이유로 평생을 천대받던 「마스크걸」 김모미는 억압된 욕망과 분노를 살의로 분출한다. '나를 무시해서' '술김에' '우발적으로' 남자를 죽여버린 김모미의 첫 살인은 페미사이드 범죄자들의 변명을 빼다박았다. 그러나 운명에 휩쓸리듯이 저지르는 범죄는 김모미가 의도한 것 이상의 의미를 낳는다. 피해 남성들은 저마다 죄를 지은 역사가 있고, 김모미는 여성을 대신해 이들을 처단하기 때문이다.

도주자 신분인 김모미가 달아날수록 망가지면서 숨 막히게 전개되는 「마스크걸」과 비교하면 「홍녀」는 산뜻하다. 완두 엄마의 범죄 행각은 웬만해서는 발각될 것 같지가 않다. 완경(폐경) 후 그에게는 수컷 개체를 상상대로 변형시킬 수 있는 초능력이 생겼다. 과학적으로 설명할 수 없는 현상이 연쇄살인을 완전 범죄로 꽉 닫아주면서 완두 엄마는 죄책감 없이 활약한다. 그의 수법은 주부 특유의 생활력으로 '쓰레기'를 분리수거하는 것이다. 남편은 밀폐용기 세트로, '도촬남'은 지우개로, '전자발찌남'은 노트로, '주차장 분노남'은 사과잼으로 만들었다. 집안 살림으로 재활용한 남자들을 먹고, 쓰고, 입는 완두 엄마와 완두의 얼굴에는 날로 기름기가 흐른다.

여자들에게 진정한 두려움을 느껴본 적 없으므로, 남자들은 이 여자들을 경계하지 않는다. 그리고 그 오만함 때문에 맥없이 시체가 된다. 페미니즘 리부트 시대에 걸맞은 다크 히어로다. 살인자이기 때문에 괴물이고, 여자 영웅이기 때문에 괴물이고, 살인자-영웅이라서 더더욱 괴물인 이 여자들은 여성의 것이 아니라던 포지션을 점거한다. 즉흥적인 정동이 이 괴물들을 움직일 때, 모성·정의감·사랑 따위의 '선한' 동기를 내세워 여성 캐릭터의 일탈을 설득하던 여성-스릴러의 관습은 부서진다. 여성혐오 사회에서 고통받는 여성을 대변하는 이들의 존재는 여성에게 금지되었던 감정을 되돌린다. 그것은 분노다.

「홍녀」와 「마스크걸」은 빼앗겼던 것을 다시 빼앗아오는 쾌감을 선사한다. 「아메리카노 엑소더스」를 관통하는 재미 요소 역시 이 '빼앗기'의 쾌감이지만, 이 작품이 탈취하는 대상은 좀더 규모가 크다. 실망스러울지 모르나 일단 주인공이 남자라는 점을 밝히면서 시작하겠다. 그것도 '금수저' 출신의, 능력치가 사기에 가깝게 높은 캐릭터다. 마법 세계 북동 뿌리지방 영주인 에스프레소 빈즈의 외아들, 7개 지방 차기 영주를 통틀어 마력량 서열 1위인 괴물 마법사 아메리카노 빈즈(이하 아멜). 그는 마법 세계 탈주민들이 지구에서 결성한 반사회단체 '황혼새벽회'를 추적하는 '회수팀' 소속이다. 차기 영주들로 구성된 회수팀에서도 아멜은 최고의 실적을 올린다.

아쉬울 게 없어 보이는 아멜에게도 수상쩍은 구석이 있다. 마법 세계의 마법사는 일반적으로 두 가지 외형을 활용한다. 자연적인 본체, 그리고 '마력 고정식' 당시의 외형을 소환한 변신 상태다. 마력 고정식은 마법사가 노쇠하더라도 최고의 마력을 출력할 수 있도록 제2차 성징 직전의 신체 이미지를 각인시키는 의식이다. 다만 변신 상태 유지가 '풀 메이크업' 상태에 준하는 피로도를 동반하므로 전투 시에만 활용하는 것이 보통이다. 아멜이 별난 이유는 대부분의 시간을 변신 상태로 보내기 때문이다. 극소수의 측근을 제외하고는 아멜의 성장한 본체를 본 사람이 없다. 더 중요한 것은, 4년 전 아멜이 깜찍한 양 갈래 머리에 귀여운 스커트를 입고 이 영구적 구속력이 있는 이벤트에 임했다는 점이다. 즉 그는 공식적으로 여성이라 알려져 있는 여장남자다.

작품은 그런 아멜이 정체를 발각당하면서 시작된다. 비

상한 눈썰미로 16세 소년 아멜과 12세 마법소녀가 동일 인물임을 밝혀낸 사람은 지구의 쌍둥이 남매 영희와 철수다. 동생 영희는 영특하고, 성실하고, 기가 센 '알파걸'이다. 공부 머리도, 근성도, 포부도 없는 철수는 소위 '여성 상위 시대'의 아들들을 대표하는 듯하다. 아멜은 철수와 영희를 죽여 기억을 읽을 수 없는 몸으로 만들거나, 마법으로 속박관계를 맺어 그들의 기억을 보호해야 한다. 24시간 변신 상태로 황혼새벽회를 쫓고, 때로는 누군지 모를 적에게 쫓기며 번아웃 상태에 빠져 있던 아멜은 영희와 철수의 집을 지구의 은신처로 삼으려 한다. 그리고 아멜과 엮인 차기 영주들이 하나둘 들락거리면서 영희네는 얼떨결에 마법사들의 아지트가 된다.

모에한 작화에 개성 충만한 여아 마법사가 쏟아져 나오는 「아메리카노 엑소더스」의 비주얼은 소위 '페미 괴작'[6]이라는 오명을 쓰기 좋다. 전투에 임하는 마법사의 신체 나이를 12세에 고정시키는 마력 고정식 설정은 '로리'한 마법소녀물을 찾는 남성 독자 입맛에 퍽 잘 맞았다. 이것이 로리콤 캐릭터를 뷔페식으로 차려놓기 위한 밑그림이 아니라고 확신하려면, 아멜의 지워진 기억을 복원하는 100화 근처까지는 이르러야 한다. 막 고정식을 받고 처음 지구에 내려왔던 4년 전에도 아멜은 영희와 친구가 되었던 전적이 있다. 누군가 세 사람의 기억을 의도적으로 조작했을 뿐.

아멜과 영희 남매의 인연이 처음이 아니었다는 사실은 반전의 시작에 불과하다. 열두 살 영희와 철수의 상하관계는 지금과 딴판이다. 영희는 철수에게 두들겨 맞고 산다. 할머니는 3대 독자 철수를 비호한다. 부모는 영희에게 한 푼도 투자하지 않는다. 아멜이 영희를 따라다니며 관찰하는 한국은 여자아이가 운동장에서 쫓겨나는, 혀 짧은 소리를 '계집애'다운 애교라 부르는, '남장'을 하면 대우가 달라지는 괴상한 사회다. 현재의 집안 분위기는 아멜의 도움으로 조금씩 각성한 영희가 일으킨 혁명의 결과였던 것이다.

연재 당시만 해도 「아메리카노 엑소더스」의 주 독자층은 이 에피소드에 담긴 힌트를 읽어내지 못했다. 관성적인 로리 찬양가 속에 묻힐 뻔했던 영희 남매의 과거사는 불과 몇 주 후, 작가 박지은의 '메갈 논란'과 맞물리면서 재조명받았다. 최신 회차 '별점 테러'와 악성 댓글로 분을 풀던 안티페미니스트들이 뒤늦게 이 서브플롯을 '남혐'의 증거로 지목한 것이다. 사그라지지 않는 사이버불링 속에서도 「아메리카노 엑소더스」는 계획했던 그림을 담대하게 완성해나간다. 아멜의 기행에는 영희 남매의 역사와 오버랩되는 배경이 있다. 그 이름도 무시무시한 가모장제 사회다.

'이갈리아'[8]의 마법소녀들

생명수(生命樹)인 영지나무가 자연을 관리하고, 최고 사제가 영지나무의 권한을 대행하는 「아메리카노 엑소더스」 속 마법 세계는 봉건제 모계 사회다. 중앙 영지나무에서 팔방으로 뻗어나간 뿌리지방은 마력량이 가장 많은 여성이 각각 통치하며, 모부의 마력이 직계로 세습되어 영주직도 딸이 물려받는다. 출산은 여성이 하지만 육아는 남성이 도맡고, 여성이 대사를 관장하는 동안 남성은 사교를 담당한다. 그 세계에서 생리휴가는 누구도 의문을 제기하지 않는 복지이고, 여성복은 부와 권력을 상징한다.

남성의 능력을 생래적으로 제한했기 때문에 가능한 모계 사회 판타지다. 영지나무의 영향권에서 잉태된 남성은 마력을 받을 수는 있지만 마법을 발동시킬 수는 없다. 출산을 반복해 여아를 최대한 많이 낳으면 될까? 다산은 답이 아니다. 자매형제가 여럿일 경우 모부의 마력량 총합에서 마력이 균등 분배된다. 마력이 계급을 결정하는 사회에서 귀족 가문이 권력을 유지할 수 있는 유일한 경로는 외동딸이 외동딸을 낳고, 그 외동딸이 또 외동딸을 낳는 것이다. 이제 남아에게 무슨 일이 일어나고 있을지 예상해볼 수 있다. 이 세계관에서 남자아이는 누구도 "원치 않는 아이"다. 마력이 많아봐야 결혼해 다른 가문을 강성하게 할 남아는 태어나자마자 죽임당하기가 예사다.

말하자면 아멜은 돌연변이다. 남자이면서도 마법을 쓸 수 있는 그의 몸은 축복이 아니라 재앙이다. 영지나무의 순리를 어긴 이단이자, 영지나무의 권위를 위태롭게 할 오류인 그의 존재는 불온하다. 심지어 그는 돌연변이가 낳은 돌연변이다. 평민 출신인 어머니 에스프레소가 비정상적 경로로 마력을 증가시켜 쿠데타를 일으켰을 때부터 이 벼락출세 신진 귀족 가문은 원한을 사게 될 운명이었다. 아멜이 사라진다면 기뻐할 사람이 너무 많다. 그에게 여장은 필사적인 생존 전략이다.

이곳이 폭력적인 세계라는 점은 같다. 다만 여성이 권력을 독점했다는 것만이 달라졌다. 주변화된 여성 인물들이 권력자-남성을 중심으로 가지를 쳤던 가부장제적 관계 구도는 완전히 해체된다. 「아메리카노 엑소더스」의 여성 마법사들은 '싸우는 미소녀' 같은 것이 아니다. 아멜도 미소녀들의 구애 공세를 받는 '하렘'의 주인이 아니다. 여성 영주 후계자들에게 결혼은 권력을 재생산하는 수단이고, 아멜에게 그들은 언제든지 자신의 입지를 위태롭게 만들 수 있는 포식자다. 그래서 아멜의 상태는 남초 사회에서 점조직으로 흩어진 여성의 현실에 더 가깝다. 규칙을 위반한 자, 제도에서 거부당한 자, 허락되지 않은 자리를 차지한 자로서 아멜은 여성 무리의 표면을 겉돈다.

여성 인물과 권력지향성이 결부되면서 어머니들도 자애롭고 헌신적인 가부장제적 모성상을 박차고 나온다. 어머니들에게는 각자 다른 행위의 동기가 있다. 그것은 복수나 야망일 수도 있다. 가문의 영광이거나 순수한 신념이기도 하다. 자신의 욕망을 위해 딸을 이용하는 어머니와 어머니에게 인정받고 싶어 하는 딸의 관계는 통상의 모녀관계보다 권력자-후계자 관계에 가깝다. 아멜은 에스프레소를 존경하면서도 두려워한다. 아멜은 딸이 아니라서 어머니에게 온전히 사랑받지 못한다는 콤플렉스에 사로잡혀 있고, 어머니의 신임을 애타게 갈구하는 마음은 그를 움직이는 주요 동력이 된다. 그러나 비밀이 많고 음흉해 보이는 에스프레소에게 아멜은 수단일 뿐이다.

그래서 아멜은 자신을 마리오네트처럼 조종하는 어머니,

아멜을 결코 사랑하지 않을 어머니로부터 벗어나려 한다. 아멜뿐만 아니라 니나, 마리아쥬, 로네, 딜마, 릿지, 루르 등 다른 영주 후계자들의 스토리라인에서도 어머니는 통과의례로 주어진다. 「아메리카노 엑소더스」의 어머니들은 남성 서사에서 '아버지'가 전유해온 바로 그 역할을 빼앗아오고 있는 것이다. 법, 규율, 질서, 체제의 현현인 아버지라는 상징과 그 안티테제로서의 아들. 남성 서사에서 너무나 오랫동안 즐겨 되풀이해온 나머지 고전적 텍스트 분석 틀이 되어버린 부자관계는 「아메리카노 엑소더스」로 와서 어머니와 딸들에게 자리를 빼앗긴다. 어머니의 대리인이고, 승계자이며, 파괴자인 딸들은 어머니를 초월함으로써 빛나는 성장을 과시한다.

이렇게 「아메리카노 엑소더스」의 '탈출(엑소더스)'은 중층적인 의미를 띠게 된다. 그것은 마법 세계의 시민들이 이세계로 탈출하면서 시작되었다. 아멜은 에스프레소의 '큰 그림'에서 탈출해야 한다. 영주의 딸들은 어머니의 그늘에서 탈출하려 한다. 여성 캐릭터들은 부계 서사에서 탈출함으로써 '여성의 역할'이라는 한계에서 탈출한다. 일종의 대규모 탈주 쇼인 「아메리카노 엑소더스」는 가부장제, 여아 성감별 낙태 및 여아 살해, 콘크리트 천장[9] 등 현실의 부조리를 미러링하면서 젠더 스와프로 직관적 쾌감을 제공한다. 그러나 이 쾌감은 작품의 목적지가 아니다. 가족 안에서 작은 승리를 거두었으나 사회로 나가면 더욱 촘촘한 차별을 마주하게 될 영희에게 혁명이 끝나지 않은 사건이듯이, 여전히 구조의 피해자가 양산되고 있는 마법 세계에도 더 가야 할 길이 있는 것 같다.

아멜의 좌충우돌 모험기처럼 시작한 「아메리카노 엑소더스」의 질문은 회차를 거듭할수록 깊어진다. 마법 세계의 붕괴를 꿈꾸는 황혼새벽회를 파고들면서 아멜은 영지나무가 창안한 '억압적' 질서의 진실에 가까워진다. 그는 이제 이 세계의 비밀을 밝혀내야 한다. 작품은 혁명의 목표가 무엇인지, 혁명의 주체는 누구여야 하는지, 혁명된 사회는 어떤 모습이어야 하는지, 페미니스트가 한 번쯤 해볼 법한 고민을 긴 호흡으로 이끌어내면서도 서브컬처의 장르적 재미를 잃지 않는다. '오타쿠 맛'과 '피씨 맛'을 절묘하게 배합한 「아메리카노 엑소더스」는 독자 풀이 어디까지 확장될 수 있는지 실험하는 것처럼 보인다. 영리함이 빛나는 지점이다.

주

1. '냉장고 속 여자들' 프로젝트로 이름을 알린 게일 시몬은 이후 마블 코믹스, DC 코믹스 등과 협업하며 코믹스 작가 및 비평가로 활동한다.

2. 게일 시몬은 '냉장고 속 여자들'과 관련해 네티즌들로부터 받은 이메일을 정리해 1999년 4월 13일, 4월 28일, 5월 26일 세 차례에 걸쳐 웹사이트에 업로드했다. 마지막 문서 도입부에는 '냉장고 속 여자들'의 문제제기를 페미니스트 피해망상증(feminist paranoia)이라 평가한 한 네티즌의 발언을 인용해 다음과 같은 소회를 적는다. "피해망상증 남혐 페미니스트 되기의 끝내주는 점 중 하나는 이렇게 멋진 이메일들을 받게 된다는 겁니다! 이렇게 유명해질 줄 알았으면 더 일찍 남자 패기를 시작했을 텐데 말이죠!"(Women In Refrigerators, https://www.lby3.com/wir/r-5_2699.html)

3. 여성의 팬티가 살짝 보이는 장면을 뜻하는 일본어로, 남성향 만화에서 독자를 위한 눈요기 '서비스'로 곧잘 활용된다.(「결계녀, 판치라는 표현의 자유인가」, IZE, 2015.12.21.)

4. 부끄러운 상태를 흉내내는 일본어 의태어 '데레데레(でれでれ)'에서 파생된 '-데레'는 (특히 부끄러움 때문에) 표현과 속마음이 일치하지 않는 구애 행위를 묘사한다. 쿨cool과 '-데레'가 합성된 '쿨데레'는 과묵하고 신비로운 성격이나 이미지를 모에 포인트로 설정한 캐릭터의 카테고리다.

5. '캐릭터 붕괴'의 준말이다. 인물의 성격이나 행동이 뜬금없이 설정을 위반해버린 경우, 특히 그 변화가 독자에게 실망감을 주는 경우에 사용한다.

6. 갖가지 남성향 '모에'를 제공하느라 여성 캐릭터의 비중이 압도적으로 많아져 여성 서사의 형식적 요건을 충족하게 되어버린 작품을 뜻한다. 이를 '페미 대작'으로 오독하거나 홍보하는 독자들이 생겨나면서 '페미 괴작'이라는 멸칭에 가까운 별칭이 생겼다.

7. 2016년 6월 김자연 성우가 트위터에 '메갈리아4' 후원 굿즈인 'Girls Do Not

Need A Prince' 티셔츠를 인증하면서 시작되었다. '김자연 메갈 논란'의 불똥은 김자연 성우가 캐릭터 보이스를 녹음한 게임 '클로저스'로 튀었다. 김자연 성우를 퇴출하라는 유저들이 항의가 빗발치자 '클로저스' 제작사 측에서는 하루 만에 성우 교체를 발표한다. 이와 관련해 김자연 성우를 공개적으로 지지하며 '클로저스'와 '클로저스'의 배급사 넥슨을 규탄하는 움직임이 일어났다. 작가 박지은도 사태 비판에 동참하면서 '메갈 논란'에 휩싸이게 되었다.

8   노르웨이 작가 게르드 브란튼베르그의 『이갈리아의 딸들』에서 따왔다. 『이갈리아의 딸들』은 남녀 성역할을 반전한 여성주의적 장편소설로, 한국에서는 2015년 등장한 페미니스트 커뮤니티 사이트 '메갈리아'의 오마주 원본임이 알려지며 주목받았다.

9   유리천장(glass ceiling)을 한국 상황에 맞게 로컬라이징한 용어다. 서구의 유리천장 개념이 여성 및 소수자들의 사회진출과 승진을 가로막는 보이지 않는 장벽을 뜻한다면, 한국에서는 이 장벽이 명백하게 보인다는 뜻에서 '콘크리트 천장'으로 변용하는 사례가 생겨났다.

'빻은' 고전 다시 읽기

돌배 「계룡선녀전」(2017~2018)
seri, 비완 「그녀의 심청」(2017~2019)

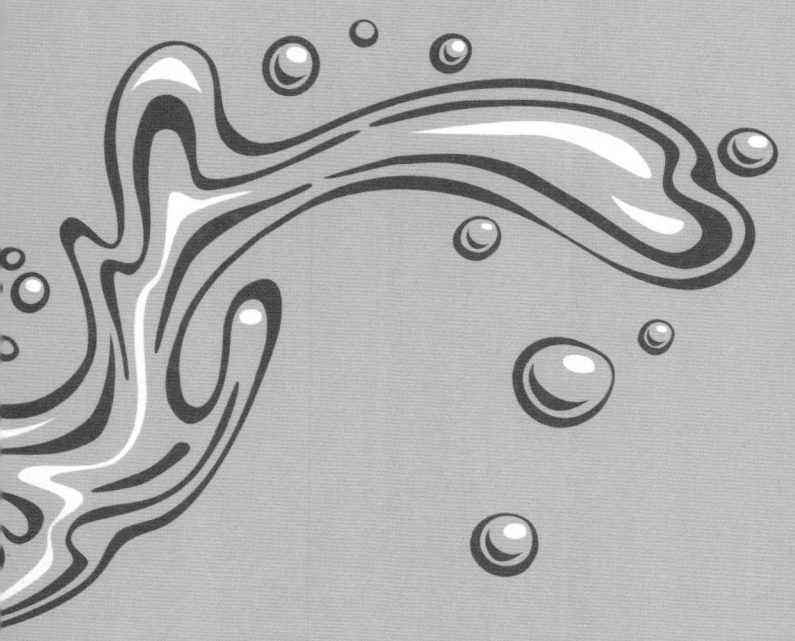

*이 글에는 「그녀의 심청」의 내용 누설이 있습니다.

드라마 「계룡선녀전」이 보지 못한 것

 만화나 애니메이션 실사화는 늘 '망작'이 될 위기에 놓인다. '2D 여친' 혹은 '종이 남친'과의 싱크로율부터 기술적 구현력, 원작 이해도, 사사건건 고증을 시도하는 기존 팬들의 텃세까지, 평면 세계를 복제한 현실 세계의 품질은 쉬이 수준 미달로 평가받곤 한다. 예외라면 드라마 「미생」이나 영화 「신과함께」 정도였을 것이다. 근 몇 년 새 활성화된 웹툰의 영화화 및 드라마화는 대체로 원작 팬덤을 실망시켰고, 때로는 원성까지도 자아냈다. 드라마 「치즈인더트랩」(2017)과 영화 「여중생A」(2018)처럼 여성 독자의 강력한 지지를 받았던 웹툰의 리메이크 작품들이 특히 고전하는 가운데, 이 잇단 실패의 행진에 드라마 「계룡선녀전」(2018)도 끼어들었다.
 웹툰 「계룡선녀전」은 꼬장꼬장한 생물학 교수, 기생충을 사랑한 독신 노총각, 불면증과 악몽에 고통받는 현대인, 만성적 수면 부족을 카페인 파워로 이겨내고 있는 커피 중독자 정이현이 단짝 연구원 김금의 귀성길에 동행하면서 시작한다. 김금의 고향 계룡산에서 커피를 찾아 들어간 '선녀다방'에는 특이한 할머니 바리스타가 있다. 699년 전 나무꾼이 비명횡사한 후 줄곧 그의 환생을 기다려온 선녀 선옥남이다. 선옥남이 내린 커피에는 감정 동화, 심신 안정, 집중력 향상, 숙면 등의 신비한 효험이 있다. 그러나 논리적 실증주의자 정이현에게는 이 모든 비과학적 현상이 못마땅하다. 설상가상, 홀린 듯 이끌려 들어간 선녀탕에서 조우한 선옥남은 정이현의 학자적 신념에 정면으로 도전한다. 그때부터 두 남자의 눈에 선옥남이 젊은 여성으로 보이기 시작한다.

전래동화 「선녀와 나무꾼」을 현대적으로 재해석한 웹툰 「계룡선녀전」은 한국 로맨스 서사의 흥행 문법을 적당히 응용하고 있었다. 인지부조화로 혼란스러워하는 정이현에게서 전생의 단서를 발견한 선옥남은 그를 나무꾼의 환생체로 지목한다. 선옥남이 정이현과 다시 부부의 연을 맺을 목적으로 주변을 맴도는 한편, 정이현과는 정반대로 사람 좋은 캐릭터인 김금은 아무런 편견도 없이 선옥남을 흠모

한다. 그런 김금에게서도 조금씩 전생의 교집합이 보인다. 남주인공의 '까칠한' 매력이 스윗한 '서브남'의 장점을 초월하는 K-드라마 식 삼각관계 같기도 하다. '미래의 남편 찾기' 미션으로 세를 키운 커플 팬덤들이 서로를 견제하도록 부추기며 화력을 증폭시켰던 드라마 「응답하라」 시리즈도 연상된다. 실제로 '누가 선옥남의 서방이 될 것인가'는 극 초반의 긴장을 지탱하는 갈등 요소였고, 이 장치는 예상 가능한 방식으로 로맨스 독자를 공략했다.

드라마 「계룡선녀전」 제작진은 이 검증된 흥행 문법에서 가능성을 보았던 것 같다. 원작은 한국식 멜로드라마 스탠더드에 최대한 부합하게끔 각색되었다. 조금 괴팍할 뿐 지식인의 품위는 잃지 않았던 정이현은 안하무인 '까도남'으로 거듭난다. 선계 선녀들 사이에 흐르던 퀴어 로맨스 기류는 '절친 우정'으로 강등된 반면, 이성애 러브라인이 대거 추가되었다. 보조 인물인 오선녀와 박신선, 구선생과 김금 어머니가 맺어진다. 웹툰에서 정이현과 담백한 동료관계를 유지했던 이함숙은 별안간 구애자 역할을 떠안았다. 정이현을 유혹하기 위해서라면 육탄전도 마다 않는 이함숙과 선옥남 사이에는 질투의 불꽃이 튄다.

좌충우돌하던 이성애자들이 제각기 짝을 찾아 합동결혼

식을 올리는 꼴을 갖춰야만 막이 내려가는 K-해피엔딩을 지향한 결과, 드라마 「계룡선녀전」은 원작과 저만치 멀어지고 말았다. 소수자 혐오를 일삼는 한국식 주류 개그 코드를 배제해 이공계·대학원생·여성향 유머로 대체하고, 연령·인종·외모·성지향성의 다양성을 모색하던 원작의 사려 깊은 태도는 드라마가 선택한 '정상성' 속에서 깎여나갔다. 정치적 올바름에 민감하지 않은 드라마 팬이 시청하기엔 싱겁고, 기대 시청자 층인 10~20대 여성의 변화된 요구에는 호응하지 못한 드라마 「계룡선녀전」은 흥행에 실패했다. 한국 미디어 환경에서 이런 '안전한' 개악은 흔한 일이지만, 드라마 「계룡선녀전」이 두드러지게 문제적인 이유는 따로 있었다.

무감각을 기르는 법

홀어머니를 모시고 살던 노총각 나무꾼은 산속에서 사냥꾼에게 쫓기던 사슴을 구한다. 사슴은 은혜에 보답하겠다며 나무꾼에게 색시를 얻을 묘수를 알려준다. 바로 선녀가 선녀탕에서 목욕하는 틈을 타 날개옷을 훔치라는 것.

선녀의 발을 강제로 지상에 묶어두어 결혼은 했지만, 선녀와 평생을 함께하려면 아이 셋을 낳을 때까지 날개옷을 돌려주지 말라는 사슴의 조언이 마음에 걸린다. 시간이 흘러 선녀는 아이를 둘 낳는다. 선녀는 여전히 고향을 그리워하고, 부부의 정이 충분히 깊었다고 생각한 나무꾼은 날개옷을 보여준다. 선녀는 즉시 아이 둘을 양 팔에 끼고 승천한다.

「선녀와 나무꾼」은 아이들에게 읽히기 싫은 전래동화 중 하나다. 나무꾼에게 여자(선녀)는 홀어머니를 봉양한 효행과 생명을 귀히 여긴 덕행의 보상품이다. 이 보상을 제공할 수만 있다면 여성의 신분은 신선에서 필부로 강등되어도 좋으며, 비범한 여성을 무력화할 족쇄로 출산이 기꺼이 동원된다. 그러나 독자는 연고 없는 땅에 알몸으로 남겨진 여자의 절망, 자신을 기만한 범죄자와 가정까지 꾸리게 된 여자의 분노, 마침내 능력을 되찾아 지위를 회복한 여자의 해방감보다는 처자식을 잃은 남자의 안타까운 사정에 공감하게끔 유도된다.

「선녀와 나무꾼」만이 아니다. 한국인의 상식으로 통하는 전래동화, 신화, 설화, 고전 소설, 역사 일화의 다수가 이런 식이다. 낙랑국을 섬멸하려는 호동왕자의 계획에 포섭된

출처 네이버 웹툰「계룡선녀전」
작가 돌배

낙랑공주는 모국의 방어 시스템을 파괴하고 아버지에게 살해당한다. 마장수 서동이 흑심을 품고 퍼뜨린 '서동요' 때문에 왕가에서 축출당한 선화공주는 서동과 함께 신라로 이주한다. 고구려 건국 신화 「동명왕 설화」의 해모수는 유화를 만취시켜 강간 및 감금하고, 유화는 그런 해모수를 사랑하고도 버림받는다. 남자는 여자를 끊기 위해 말의 목을 베고(김유신 일화), 여자는 남편을 기다리다 돌이 되어버린다(망부석 설화).

아름다운 여자를 얻으려면 어떤 비열한 계략도 쓸 수 있지만, 입신양명이나 국사(國事) 같은 '더 큰' 뜻을 받들 때가 오면 조강지처도 물리치는 남자. 이 '대장부' 양성 수업에서 여아들은 초대받지 않은 학생이 된다. 세상에는 계집보다 더 중요한 것이 있다고 속살거리는 글자들 속에서 여자아이들은 내가 바로 그 계집이라는 사실을 확인한다. 그들은 아직 이 수치심을 다룰 방법을 알지 못한다. 이 작은 이야기들은 여아의 내면에 상처를 입힐 테지만, 아동은 세계의 질서를 하루빨리 익히고 싶다고도 생각한다. 그래서 받아들이기로 한다. '아무튼 어른의 세계는 그런 것이리라'고.

그들이 '어른 되기'의 진도를 따라잡는 동안 소리 없이 누적된 내상은 문학적 자아의 외피를 무디게 만든다. 어느 정도 맷집을 키운 여자아이들은 이제 교실로 간다. 그들은 부인의 시신을 발로 차며 폭언을 쏟아내는 「운수 좋은 날」의 김첨지에게서 따뜻한 진심을 발견하거나, 장애 여성 아다다가 수롱이의 재산을 바다에 던져버리고 살해당하는 「백치 아다다」를 물질만능주의 풍자라고 받아 적을 줄 알아야 한다. 일제 강점기 빈민굴의 성판매 여성을 속물형 인간으로 전시한 「감자」도, 늙고 추해서 남자에게 사랑받지 못하는 '노처녀'의 히스테리를 신나게 비웃던 「B사감과 러브레터」도 그럭저럭 읽을 수 있어야 한다.

여자아이들은 글을 읽기 시작한 순간부터 일종의 무감각 훈련을 하는 셈이다. 문학사를 연결하는 기념비들, 청소년의 지성 함양을 위해 엄선했다는 작품의 권위 앞에서 여성이라는 문제는 너무도 하찮게 보인다. 탐관오리의 백성 수탈이나 외세의 민족 침략은 공공연히 비판하지만, 한반도의 여성학대 및 아동학대 문화는 토론거리로도 취급되지 않는 교실에서 여자아이들은 마침내 배운다. '여성으로서' 질문하기는 허락되지 않은 행동이라고 말이다. 페미니즘은 정치적 중립을 지켜야 하는 공무원 신분에 맞지 않는 이념이고, 페미니즘 교육은 사상의 중력으로부터 자유로워야 할 청소년을 향한 폭력이라고 부르짖는 어른들이 생각하는 '가치중립적 교실'이란 내내 이런 모습이었다.

돌려받아야 할 것들

2017년 대안미디어 '닷페이스'와의 영상 인터뷰에서 페미니즘 교육의 필요성을 주장했던 C 교사는 사이버불링의 포화를 맞는다. 논란의 중심에는 '운동장' 발언이 있었다. 왜 운동장은 남학생이 독차지하는 공간이 되었는가, 무엇이 여학생으로 하여금 체육 활동을 포기하게 만드는가를 생각해보자는 내용이었다. 실무자의 이 같은 고민이 엉터리라며 반박에 나선 이들은 그 운동장에서 쫓겨나본 적 없는 한 떼의 남학생들이었다. 인신공격, 사생활 털기, 허위 사실 유포 등 온라인 상에서 전개된 괴롭힘은 교사의 공무원 신분을 노린 민원 공격으로 절정에 이르렀다.

이것이 '#우리에겐_페미니스트_선생님이_필요합니다' 해시태그 운동을 촉발시킨 배경이다. 청소년, 양육자, 교사, 그 외 각계각층의 시민이 페미니스트 교사들에게 보내는 응원과 연대의 메시지에는 저마다의 역사가 담겨 있었다. 그전까지 산발적인 여성혐오 이슈로 점멸했던 공교육 환경

「계룡선녀전」 1화 '계룡산커피숍1' 중에서

에 대한 문제제기가 하나의 지향점으로 모이는 순간이었다. 더는 지체할 수 없을 만큼 늦어버린 페미니즘 교육을 이제는 학교에 도입하라는 요구가 본격화되었다.

이듬해에는 당사자성으로 똘똘 뭉친 저항의 주체들이 교실 밖으로 뛰쳐나온다. 미투 운동의 세례를 받은 '스쿨미투' 운동의 기수는 청소년 여성이었다. 실시간으로 갱신되어온 '가치중립적' 교육의 병폐를 공론화하는 줄에는 끝이 없었다. 수많은 현직 남교사의 성희롱·성추행과 혐오발언들이 수면 위로 떠올랐고, 이미 학교를 떠난 여성들은 수년에서 수십 년이 지나도록 변화 없이 시간만 흘려보낸 교단의 무사안일함에 공분했다.

그리고 여자들의 피해 호소에 맞서 전세를 역전할 틈만 엿보고 있던 전직 남학생들이 또다시 건수를 잡았다. 인천 모 사립여고의 스쿨미투를 '황당 미투'로 몰아간 여론의 관심은 '구지가 성희롱 사건'에 쏠려 있었다.[1] 남교사가 고대가요 「구지가」 수업 중 '거북이'와 '물'에 담긴 성적 함의를 이용해 여학생들을 성희롱했다는 고발 내용을 인정할 수 없다는 거였다. 해당 교사의 문제 발언은 그뿐만이 아니었지만, 그 현장에 있지도 않았던 안티페미니스트들은 이미 남교사의 결백을 심정적으로 확신했다. 누군가는 학계 학설에 기반한 교육적 지식을 전달했을 뿐이라며 교사를 비호했고, 누군가는 「구지가」가 성희롱이면 「처용가」는 어떻게 배울 셈이냐며 학생들을 비웃었다. 그러나 여자들의 반응은 한결같았다. '우리 모두는 그것이 어떤 상황인지 경험적으로 알고 있다'고.

'여학생은 왜 운동장을 가질 수 없느냐'는 질문이 그토록 견딜 수 없이 급진적인 것인가? 여학생이 내쫓긴 장소가 물리적인 운동장만이 아니라고 주장한다면 그 남학생들은 놀라 까무러칠지 모르겠다. 실로, 문학 교육은 또 하나의 기울어진 운동장이었다. 남아들은 이 상상력의 운동장에서 자유분방하게 뛰어논다. 현대 시민의 윤리 감각은 잠시 내려놓아도 좋다. 그는 무소불위의 권력자가 되어 여자를 취하고 버리거나, 고뇌하는 지식인이 되어 여자에게서 덧없는 위안을 받기도 한다. 그는 가난과 굴욕뿐인 삶이 부쳐서 여자를 죽이는 소시민에 이입해볼 수도 있다. 운동장 한복판에서 '남자의 희로애락' 훈련이 한창인 사이, 구석에서는 여자들이 못 알아들어야 재밌고 알아들으면 또 그런대로 재밌는 「구지가」 식 인사이드 조크가 싹튼다. 이 놀이터는 터질 듯 팽창된 남성의 자아로 발 디딜 틈이 없다. 그들은 어떤 놀이기구도 여자에게는 양보할 수 없다는 듯 모든 유희를 점령한다. 심지어 고전의 권위를 전복하는 패러디마저도 남성적 놀이가 되도록.

고전 다시 쓰기

논개는 왜장을 품에 안고 물에 뛰어들고, 춘향은 정절을 지키기 위해 매를 맞고, 심청은 극진한 효성으로 인당수에 수장당한다. 현대의 남성 이야기꾼은 당대의 규범에 투신하느라 생명력이 꺼져가는 여성의 몸을 탐미적으로 관찰한다. 고문당하는 여자의 땀으로 촉촉하게 젖은 피부, 이마와 뺨에 말라붙은 머리카락, 비애와 결연한 의지로 그윽한 눈동자, 스러지는 촛불처럼 가냘픈 몸은 '아름답다'. 여자가 고통받는 장면은 대체로 쓸데없이 길고 너무 구체적이며 은근히 색정적이다. 남성 창작자들은 때때로 이 작업에 매료된 나머지 자신이 무엇을 만들어내고 있는지조차 모르는 것처럼 보인다.

암행어사 박문수 설화와 「춘향전」 모티프를 접붙인 퓨전 활극 웹툰 「신암행어사」는 이 아름답고 가련한 여체가 풍기는 야릇한 정취를 적극적으로 판매한다. 혼돈한 세계 속에서 얼렁뚱땅 정의를 수호하는 안티히어로 문수에게 춘향(산도)은 예상치 못한 귀인이다. 순진한 얼굴, 가녀린 몸에 광전사적 면모를 감춘 춘향의 싸움 기술은 타의 추종을 불허한다. 그는 '싸우는 미소녀'의 전형이다. 문수에게 충절을 바치기로 결심한 이 미소녀 투전사의 마음속에는 연정이 움트지만, 로맨스까지 살펴볼 것도 없다. 춘향의 '기능'은 캐릭터 디자인 단계부터 이미 결정되어 있기 때문이다.

두 사람이 팀워크를 형성하기 전, 문수는 몽룡의 금의환향을 기다리느라 3년째 고초를 당하고 있다는 춘향을 구출하려 한다. 작품은 영주의 지하 감옥에 결박된 춘향의 전신을 비춘다. 넥코르셋과 정조대를 하네스로 연결해 주요 부위만 간신히 가린 차림이다. 이것이 「신암행어사」의 춘향이 독자에게 소개되는 첫 장면이다. 그럴 수 있다. 영주에게 가학적 취미가 있을지도 모르니까. 그러나 전투에도, 일상생활에도 적합하지 않을 이 고문복은 춘향의 단벌 유니폼으로 정착한다. 어깨에 겨우 걸쳐놓은 망토는 전장에서 더욱 신나게 나부끼며 무방비한 춘향의 몸을 눈요깃거리로 제공한다.[2]

유교적 여성상을 오타쿠 서브컬처 식 암컷-생체병기로 부활시킨 「신암행어사」의 발상에 참신한 구석은 없다. '발칙한 상상력'으로 고전을 재의미화 하겠다던 국내 창작물의 내력을 살펴본다면 되려 격식에 충실하다 할 것이다. 원전에서 이몽룡과 "업고 놀던" 춘향은 에로 영화의 주인공으로 수없이 호출되었다. 이몽룡을 따돌리고 춘향과 방자를 내통시킨 영화 「방자전」은 노출 수위와 베드신으로 바이럴 마케팅에 성공했다. 인신공양 모티프가 성매매의 은유로 해석되면서 심청이 받게 되는 대접도 크게 다를 바 없었는데(최인훈 희곡 「달아 달아 밝은 달아」, 황석영 소설 『심청, 연꽃의 길』), 「심청전」에는 '섹시'한 소재가 하나 더 있다. 원전에 묘사된 심학규의 여성 편력이다. 심학규와 뺑덕어멈의 관계를 각색해 치정 멜로로 재탄생시킨 영화 「마담 뺑덕」은 대표적인 심학규 시점 성인극이다.

타파해야 할 전통이 무엇인지 남성이 결정하고 남성이 탈출하는 게임에서 여성 독자는 또 갈 곳을 잃는다. 남성이 겨냥하는 목표물은 대개 성 엄숙주의였고, 성 엄숙주의의 해방은 '정숙한' 여성이 기꺼이 섹슈얼리티를 개방해야만 완수될 과제였기 때문이다. 그러나 여성의 섹슈얼리티를 남성적으로 유희함으로써 얻어낸 쾌감이 여성 독자에게도 똑같이 유효할 리 없었다. 솔직히 말하면 그것은 남자들이 호들갑을 떠는 만큼 발칙하거나 짜릿한 적이 없었다. 여성이 비틀고 부숴야 할 진짜 거대한 권위는 따로 있었으니까.

「계룡선녀전」의 특별함은 여성 독자에게 오래도록 지연되어온 이 탈권위의 즐거움을 찾아왔다는 데 있었다. 「계룡선녀전」의 선녀는 의지에 반하여 나무꾼에게 삶을 저당 잡힌 피해자가 아니며, 나무꾼은 사슴이 교사한 범죄 계획에 무분별하게 동조한 가해자가 아니다. 작품은 신도 인간도 아니면서 선계의 사정을 유난히 잘 알고 있던 사슴을 내러티브 개척의 단초로 삼아 「선녀와 나무꾼」을 재조립한다. 선녀, 나무꾼, 사슴의 관계는 죽음과 환생을 통해 변주된다. 현대 시점에 재회한 선옥남, 정이현, 김금의 비밀을 풀기 위해서는 선녀가 나무꾼을 만났던 수백 년 전보다도 더 오래된 인연의 시원을 추적해야 한다.

전생의 남편 찾기라는 로맨틱한 테마는 윤회, 업보, 인과율, 평행우주 등 종교적·철학적 개념을 끌어들이면서 폭발적으로 확장된다. 「계룡선녀전」의 전생 여행 끝에 기다리고 있는 것은 '진짜 남편'보다는 '과거의 나'다. 등장인물이 영혼 깊은 곳에 새겨져 있던 분노를 직면하고 과거와 화해하는 데 성공할 때, 독자에게 전이된 정화의 감각은 압도적인 카타르시스를 불러일으킨다. 마치 「선녀와 나무꾼」이 오래전에 할퀴고 간, 세월 속에 풍화된 그 상처마저 치유할 수 있을 듯이.

여성의 시각으로 고전을 다시 쓴다는 것은 그런 의미다. 어린이의 눈높이로는 잘 보이지 않던 너머의 일을 어른이 되어 다시 내려다볼 때, 우리는 사후적으로 내상의 깊이를 진단할 수 있다. 그리고 그 곪은 자리를 새로운 텍스트 경험으로 덧씌워 치료를 시도한다. 같은 맥락에서 「계룡선녀전」과 동일한 효과를 기대할 만한 작품이 또 있다. 이성애 로맨스 독자에게 익숙한 코드를 활용하면서 서사의 심도를 완만하게 높여나갔던 「계룡선녀전」에 비하면 「그녀의 심청」은 좀더 급진적이다. 「그녀의 심청」은 여성 독자, 그중에서도 GL(Girls' Love, 여성애 로맨스) 독자와 페미니스트 독자를 정확히 조준한다.

그런 여자는 없다

부모의 자질을 논하기보다 자식 된 도리를 설파하는 옛이야기들이 있다. 어떤 고난에도 흔들리지 않는 불굴의 효성을 증명하기 위해 영아 유기, 아동 착취, 아동학대, 인신매매까지 감내하는 주인공은 여성-아동이다. 「바리공주」

「감은장아기」 「심청전」 등으로 대표되는 딸 학대 서사의 부조리감은 여성과 아동에게 특히 가혹했던 전근대의 야만성을 비판함으로써 해소될 수도 있었다. 그러나 '권위 있는 해석'들은 기성세대가 다음 세대에 마땅히 전달해야 했을 메시지를 회피해왔다. 「심청전」을 읽으며 심학규를 평가하기보다는, 심청의 효성과 고귀한 의지를 노래하는 방식으로.

원전에 의하면 심학규도 "행실이 청렴하고 지조한 군자"라지만, 과연 그럴까?[3] 실질적 가장이면서도 지아비를 정성으로 섬기던 곽씨 부인은 심학규의 제안으로 마흔에 출산을 단행한다. 곽씨 부인이 산후풍으로 사망하면 심청이 예닐곱부터 가계를 부양하며 모친의 '덕행'을 이어야 한다. 화주승에게 공양미 삼백 석을 약조한 심학규의 체면을 지키려 인당수에 뛰어든 나이가 열다섯이다. 심학규는 뺑덕어멈의 부정을 알면서도 동침하는 즐거움에 빠져 심청이 목숨으로 마련한 재산을 탕진한다. 그래도 걱정은 없다. 맹인잔치에서 심청만 만나면 눈도 뜨고, 부원군에 봉해지고, 안씨 부인과 재혼도 하고, 아들도 낳아(!) 부귀영화와 천수를 누릴 테니까.

제대로 말하자. 심학규는 여자의 노동력에 기생해 품위를 지키고, 자신의 욕망을 좇느라 여자를 죽음에 이르게

하며, 호색에 빠져 그 희생마저 물거품으로 만들고도 여성의 성취에 무임승차해 인생을 역전한 착취적 가부장이었다. 이 일대기가 '미담'으로 완성되도록 만들어주는 재료는 심청의 신비로운 출신이다. 곽씨 부인의 태몽에서부터 선녀의 환생이라던 심청은 아비가 아비 노릇을 못해도 천지 귀신과 부처, 보살의 도움으로 무난히 성장한다. 원전은 심청의 미모를 열성적으로 칭송한다. "얼굴이 빼어나고 효행이 뛰어나며 행동이 침착하고 하는 일이 비범한" 심청은 모두가 사랑해 마지않는 반신반인적 존재다. 이 환상을, 「그녀의 심청」은 가장 먼저 부순다.

씻지 못해 악취가 풍긴다. 몸은 동냥질로 굽어버렸다. 상처투성이에 거친 피부, 떨어진 의복과 산발이 된 머리. 계집인지 사내인지 구분이 안 간다. 주린 배를 채우기 위해서라면 도둑질도 가릴 처지가 아니다. 심청이 처음 거리로 나왔던 유년기에 반짝 눈길을 주는 듯했던 사람들은 이제 마을에 그런 거지가 있는지도 모른다. 쓰러지기 직전의 움막에서 오매불망 심청만 기다리는 심학규의 특기는 눈을 고쳐서 과거에 급제하겠다는 흰소리다. 속세의 '천한' 여자들이 싫어 불법에 귀의했다는 화주승이 심청을 바라보는 시선은 꺼림칙하다. 「그녀의 심청」에 심청을 구제할 천지신명

그녀의 심청

출처 저스툰 「그녀의 심청」
작가 seri, 비완

은 없다.

심청의 고향 도화동은 장 승상의 두 번째 결혼 소식으로 떠들썩하다. 성대한 잔치에 거지도 빌어먹게 해줄 인심이 있기를 기대하며, 몸을 씻으러 한밤중 강물에 들어간 심청은 죽으러 온 사람처럼 보인다. 그는 달을 바라보며 소원을 빈다. 아버지를 버릴 수도 삶을 버릴 수도 없으니 천벌을 내려달라고, 죽을병이 나든 벼락을 맞든 좋으니 이 생을 끝내달라고. 그리고 그 순간, 저편에서 심청과 같은 소원을 비는 목소리가 들려온다. 심청이 강물을 헤치고 찾아간 자리에는 아름다운 용모에 귀티 나는 자태의 부인이 삶을 포기한 듯 물 위에 떠올라 있다. 장 승상과의 혼인을 하루 앞두고 인당수를 건너온 어린 신부, 장 승상 부인이다.

출발점은 「심청전」이 실존 인물의 전기라면 사회적 가치관에 맞게 탈락시키거나 각색한 비화가 있었을 거라는 합리적 의심이다. 「계룡선녀전」이 사슴을 「선녀와 나무꾼」 서사의 빈 구멍으로 지목했다면, 「그녀의 심청」은 「심청전」에서 심청의 유일한 조력자였던 장 승상 부인을 실마리로 잡는다. 원전의 장 승상 부인은 심청을 두 번 도우려 했던 인물이다. 그는 일찍이 심청에게 수양딸 자리를 제안했고, 인신공양을 앞두고는 공양미를 대신 갚아주겠다 나섰다. 면

식도 없던 소녀를 향한 부인의 애착, 그리고 그 솔깃한 제안을 매번 물리친 심청의 선택에는 현실적으로 납득하기 어려운 구석이 있다. 「심청전」이 단 몇 줄에 듬성듬성 설명하고 치워버렸던 이 관계를 「그녀의 심청」은 다시 건져 올리려는 것이다.

「그녀의 심청」을 끌어나가는 축은 군자 심학규와 효녀 심청이 아니라, 부인과 심청이다. 선녀의 환생이었던 심청은 이제 천상에서 지상으로 내려왔다. 화내고 절망하는 심청은 극복할 수 없는 가난 속에서도 희망을 잃지 않는 심학규보다 평범한 '사람'으로 보인다. 그런데 심청이 자신과는 정반대의 궤적을 따라 살아온 승상 부인을 마주쳤다. 죽음을 향한 충동 속에서 말이다. 유달리 희고 고운 살결만으로도 그 삶의 유복함을 증명하는 듯한 승상 부인은 왜 죽고 싶어 하는가? 여자들은 왜 거지가 되어도, 마님이 되어도 자신의 생이 비천하다고 느끼는가?

그런 여자가 있다

 그 밤 심청이 만난 그 사람은 지참금도 없이 아빠뻘 남자의 후처 자리에 들어온 여자다. 결혼식 초야, 장 승상은 원인 불명의 급환으로 쓰러져 일어나지 못한다. 승상 부인이 건너온 다음날부터는 인당수 물길이 거칠어져 마을 전체가 고립된다. 사람들은 부인이 '여우'라며 수군댄다. 늙은 권력자와 결혼한 탐욕스러운 여자, 마을에 재앙을 불러온 불경한 외지인. 그 여우가 심청을 '여우굴'에 초대하기 시작했다. 처음엔 심청이 강물에 빠진 자신을 구출했다는 이유로, 그 이후엔 승상의 병간호를 도와달라는 구실로, 부인은 심청을 가까이 둬야 할 이유를 만들어내며 과분한 호의를 베푼다.
 믿어야 할까, 말아야 할까? 새아들은 부인을 대놓고 멸시한다. 새며느리는 부인을 열렬히 모함한다. 하인들은 부인을 의심하고 감시한다. 대궐 같은 저택의 안주인이지만 몸종조차 없다. 가까이서 들여다볼수록 가엾은 삶이다. 심청과 부인이 합심해 새며느리를 격퇴할 때면, 뺑덕어미가 기를 쓰고 둘의 유대에 훼방을 놓으려 한다. 심청은 모르고 뺑덕어미는 아는 내막이 있는 것 같다. 때때로 그늘이

드리우는 부인의 얼굴, 부인의 능란한 처세술에서는 정말로 흑막의 향기가 풍긴다. 그래도 당장 목구멍이 포도청인 심청은 호의호식을 거절하지 못한다. 그 물욕이 성적 긴장감이 되고, 그 성적 긴장감이 사랑으로 변할 줄도 모르고.

승상 부인, 새며느리, 뺑덕어미의 여성 암투극이 되려는 듯하던 「그녀의 심청」은 서사가 깊어질수록 여성 인물을 '주적' 후보에서 하나씩 소거해나간다. 아들을 낳지 못해 안위가 위태로운 새며느리는 가문에서 살아남기 위해 어떤 더러운 일도 감수한다. 「심청전」 원전이 온갖 여성혐오적 표현을 동원해 추악한 여성상으로 효시했던 뺑덕어미는 동네에서 손가락질당하는 비혼모다. 승상 부인의 서사는 '여자다움'을 교육하는 것이 어떻게 여아의 세계를 제한하는지, 그 세계가 여성에게 허락한 권력이 얼마나 덧없는지 드러낸다. 가부장제가 결정해준 각자의 위치에서 고통받는 여성들은 서로를 겨누지만, 마침내는 서로가 같은 존재임을 발견하게 될 것이다.

「그녀의 심청」의 유교 사회 스케치가 더욱 숨막히게 느껴지는 것은 복원된 과거가 케케묵은 유물만은 아니기 때문이다. 작품은 곳곳에 현대 여성이 자신의 삶과 연속성을 발견할 만한 장치를 심어놓고, 원전과의 거리가 너무 멀어지지 않도록 「심청전」의 굵직한 사건과 문장들을 틈틈이 불러내 패러디의 긴장을 유지한다. 「심청전」이 찬사하는 효녀상은 이 퍼즐 게임에서 맞춰져야 하는 커다란 조각 중 하나다. 선녀처럼 고귀하다는 심청과 선머슴처럼 괄괄한 거지 심청, 도저히 동일 인물이라고는 믿기 어려운 두 캐릭터를 하나로 매끄럽게 연결해줄 배후가 필요하다. 이 난관을 해결하는 키는 역시 승상 부인이다.

작품에서 제안하는 가설은 효녀 심청이 '연극'이라는 것이다. 건달들에게 예사로 얻어맞고 빼앗기는 심청을 안타깝게 여긴 부인은 심청에게 자기만의 생존 기술을 전수한다. 몸단장을 시작하고 몸가짐을 바꿔, '여자로서 사랑받을' 수 있도록. 부인이 연출하고 심청이 연기하는 효녀 연극은 효과가 좋다. 심청에게 매료된 동네 사람들의 호의에 살림살이도 나아진다. 하지만 심청은 '계집' 되기가 불러온 새로운 억압도 발견한다. 자유롭게 살아온 그는 자신의 외모와 태도를 구속하는 시선들, 자신을 바라보며 입맛을 다시는 남자들을 견딜 수가 없다. 심청은 이 가면을 금세 내팽개치지만, 그럼에도 뭇 사람은 그들을 감동시켰던 효녀 심청의 신기루를 길이길이 칭송한다. 이 비이성적인 풍경은 '역사가 어떤 여자를 선택하고, 그 여자의 어떤 이야기를 선별해

「그녀의 심청」 1화 '거렁뱅이' 중에서

기록하는가'라는 핵심적인 질문을 길어 올린다.

그래서 「그녀의 심청」이 도전하는 대상은 「심청전」의 권위만이 아니다. 작품은 대대손손 전해 내려온 '여자 미담'들의 신빙성 자체를 의심하는 것처럼 보인다. 계모에게 구박받는 딸, 헌신적인 아내의 이야기가 승상 부인에게 가르쳐준 것은 좁고 가느다란 이상형에 몸을 맞추는 법이었다. 남편을 간병하느라 손가락을 자른 열녀, 외간 남자에게 손목을 잡혀 자결한 여자들을 기리는 책 속에는 삶을 살아내는 데 필요한 지식이 없었다. "시부인을 효성으로 봉양하고" "아들을 낳아 훌륭히 키워내고" "정절을 지킨" 여자들을 향한 헌사는 누가 누구라도 상관없을 만큼 판에 박혔다. 그러나 부인조차도 평판이 흔들릴 때마다 소위 '열녀'의 기행을 보이려 몸부림친다. 남편의 병을 치료하겠다며 손바닥을 긋고, 반송장이 된 남편과 동침하며 정기를 나누는 '퍼포먼스'로 가문에서 버티는 부인은 위대한 열녀의 탄생 비화를 의심케 한다. 사실 그것은, 낭떠러지에 몰린 여자들이 살기 위해 선택한 고육지책은 아니었을까?

어차피 승상 부인이 '부녀자'로서의 자질을 증명해봐야 공경을 받는 건 장 승상의 아들이다. 심청이 물에 빠진 사람들을 구해도 찬사받는 주인공은 화주승이다. 여성의 공헌도 남성의 덕망으로 돌아가는 「그녀의 심청」의 세계에서 여자들은 진짜 얼굴을 감춘다. 누군가의 부인, 며느리, 어미라 불리는 작품 내 여성 인물들에게는 이름이 없다. 서로를 믿지 못하던 초반 몇 번의 만남에서는 부인과 심청도 서로에게 "승상께서 쾌차하시는 것"을 기도하는 좋은 아내이고 "아버지가 과거에 급제하는 것"을 기도하는 좋은 딸일 뿐이었다. 그러나 심청과 부인은 양극에서 서로의 지평을 물들이며 죽어야만 훌륭해지는 여자가 아닌, 사람으로 살아갈 '진짜' 생존법을 모색하려 한다. 사회가 금지한 사랑에 빠진 두 사람은 아무도 없는 장소에서만 자유롭다. 누구도 알지 못하니 어디에도 기록되지 않는다.

사람들은 여자들에게 환상을 실현해달라 요구한다. 그리고 그 요구에 부합하는 여성상만이 가치 있다고 평가한다. 헤게모니에 어긋나는 여자들의 이야기는 은폐되고 삭제된다. 「그녀의 심청」의 뺑덕어미는 심청에게 묻는다. "찢어지게 가난해도 화용월태 고운 얼굴, 거리에서 굴러도 가련하고 선한 자태 (…) 그게 누구지? 그렇게 살 수나 있나?" 이 작품은 그 수많은 열녀, 효부, 효녀 미담이 권력 게임의 결과물은 아닐지 회의하게끔 의혹의 씨앗을 뿌린다. 남성 중심의 거대 서사가 지배하는 게임에서 '살아 있는' 여자의 모습은 제대로 기록될 수나 있는가? 게임을 지휘하는 자들은 여자의 욕망이 무엇인지 궁금해하기는 하는가? 사실은 그 욕망의 핵심이 무엇인지 파악할 역량조차 없는 것이 아닌가?

이 질문은 헛발질을 계속해온 여성향 웹툰 리메이크 작품들에 대한 비판으로 연결된다. 그들은 원작이 여성 독자를 열광시켰던 포인트를 짚어내는 데 늘 애를 먹는 것처럼 보인다. 드라마 「계룡선녀전」의 실패는 웹툰 원작이 여성 독자에게 주는 의미를 이해하지 못했거나, 알고도 무시한 이들이 서사를 요리한 결과다. 1차 텍스트의 한계를 극복하면서 여성에게 한 폭의 '운동장'을 되돌렸던 웹툰 원작은 기성 문화의 규율 속에서 다시 보수화된다. 이 강제된 타협의 현장에서 여성들은 한숨을 금치 못한다. 그 기성 문화야말로 고전 다시 쓰기가 가장 먼저 해체했어야 할 권위이기 때문이다.

주

1   「"'황당 미투'로 몰고 가지 마세요" … '구지가 성희롱' 고발 학생들 인터뷰」, 『국민일보』, 2018.7.20.

2   2017년부터 네이버 웹툰에서 전체관람가로 재연재된 「신암행어사」 리부트판은 춘향의 흉부와 둔부에 붕대를 덧그려넣어 노출 수위를 조절했다. 연재 초반 작품 댓글창에는 붕대 리터칭을 개악이라 개탄하는 원작 남성 팬들이 속출했다.

3   이 글에서 「심청전」 원전으로 참고한 판본은 서울대 소장 완판 71장본 「심청전권지상이라」다.

연대하는 여성

매미, 희세 「마스크걸」(2015~2018)

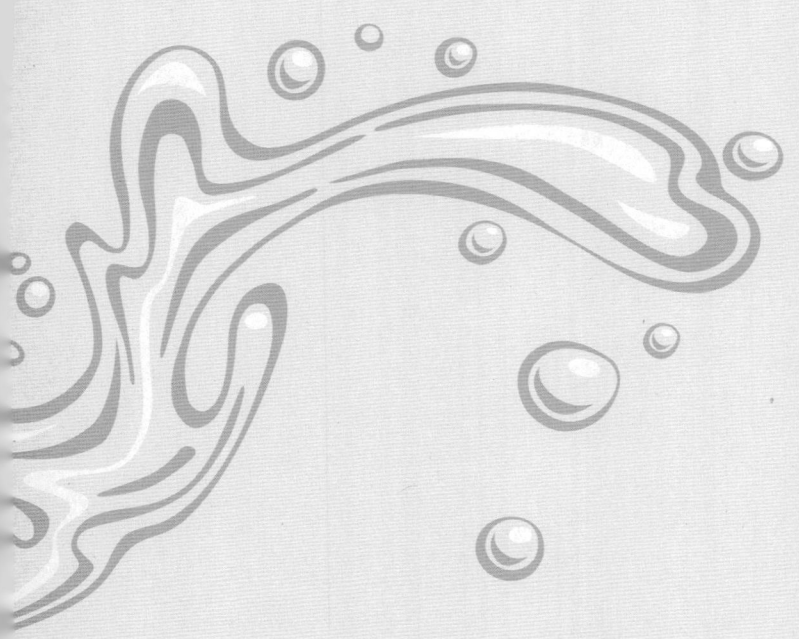

악녀 혁명

 세기말을 풍미한 추억의 만화 「피치걸」(1997~2003)은 두 쌍의 남녀 인물이 얽히고설킨 학원 로맨스물이다. 그을린 피부와 밝은 색 머리카락 때문에 '고갸루'1라는 오해를 받곤 하는 주인공 모모는 '가벼워 보이는' 외양과는 달리 평범한 여고생이다. 중학 시절 수영부에서 해상 스포츠 활동을 좀 과하게 하는 바람에 피부 색은 짙어지고 머리 색은 빠져버렸을 뿐. 그는 중학교 때부터 동창이었던 '토지'를 짝사랑하고 있지만, 붙어다니는 단짝 친구 '사에'에게도 이 마음을 들키고 싶지 않다. 아니, 다른 사람은 몰라도 사에에게만큼은 들키고 싶지 않다. 대외적으로는 모모의 가장 친한 친구인 사에에게는 조금 께름칙한 구석이 있다.

 「피치걸」이 남긴 희대의 악녀, 카시와기 사에. 사에는 내게 처음으로 '증오하는 재미'를 알려준 여자였다. 사에의 호감형 외모는 주변을 홀린다. 새하얀 피부, 귀여운 얼굴, 자그마한 체구는 '순수한 이미지' 메이킹에 최적이다. 누구도 사에가 '여왕벌' 타입이리라곤 상상 못하는 사이, 사에는 모모를 은근히 시녀 취급하고 있다. 그는 모모를 반사판 삼아 대동하고 다니는 듯하다. 사에와 모모의 대비되는 외모는 어딜 가나 사에를 돋보이게 해주니까. 게다가 사에는 모모가 가지고 싶은 건 무엇이든 자기 것으로 만들고 싶어 한다. 모모의 취향을 신랄하게 깎아내리고는, 모모가 망설이는 틈을 타 아이템을 선점한다. 이 비밀스러운 견제 활동에는 남자도 예외일 수 없다. 사에가 모모의 짝사랑을 눈치챘다면 토지에게도 접근할 거라는 모모의 예상은 적중한다.

여주인공과 남주인공의 결합을 지연시키는 감초로 투입된 그저 그런 악녀들을 생각하면 사에는 정말이지 새로운 유형이었다. 일반적인 서브 여주들은 남주인공의 사랑을 진심으로 갈망하고, 사랑받고자 하는 욕망을 주체하지 못해 악녀가 된다. 그러나 사에가 원하는 것은 토지의 사랑이 아니었다. 그는 모모의 욕망을 가로채길 원한다. 이 일방적인 싸움은 사에에게 압도적으로 유리하다. 그는 중상모략과 여론전 같은 '여자 식' 싸움의 마스터이기 때문이다.

사에의 머릿속에는 모모의 로맨스를 방해할 오만 가지 아이디어가 샘솟고, 그 발상들은 간교하기 그지없다. 그는 강간까지도 교사할 수 있는 인물이었다. 단지 모모가 나보다 행복해지는 꼴을 볼 수 없다는 이유로 말이다!

로맨스 장르의 악녀 계보는 사에 이전과 사에 이후로 나뉜다고 해도 과언이 아닐 것이다. 연재 당시 일본 현지를 넘어 한국까지 강타한 「피치걸」의 인기 비결은 인간이기를 포기한 듯한 사에의 도발적 악행이었다. 모모는 착하지만, 착한 만큼 남을 괴롭힐 줄 몰라서 대체로 당하기만 했다. 토지는 심지어 그 사에에게 줏대없이 휘둘리는 남자였다. 회차를 거듭할수록 덜떨어져 보이는 남주인공의 몰락은 서브 남주 카이리에게는 절호의 기회였다. 그러나 사에의 본색을 알아채리라는 기대를 받았던 카이리는 박쥐처럼 못 미덥다. 모두가 고전하며 사에의 악명만이 날로 드높아지는 가운데, 독자에게는 또다른 독서 동기가 생겼다. 「피치걸」을 때려치우더라도 '사에년'이 망하는 꼴은 보고 그만두겠다는 것이었다.

사에를 향한 여성 독자의 폭발적인 증오는 어디서 기인했는가? 그는 '남자들은 좋다는데 여자들은 싫어하는 여자'였고, '둔한 남자들은 이해를 못해서 당하는 여자만 미

출처 네이버 웹툰 「마스크걸」
작가 매미, 희세

치게 만드는 여자'였다. 여자가 여자 싫어하는 데는 이유가 있다고 읍소하던 여자들의 울화통 터지는 사정! 여자들 사이의 음험하고 미세한 신경전을 '포착'하는 데 성공한 「피치걸」은 여성 독자의 가려운 등을 긁어준 것이다. 사에가 '싫은 여자 캐릭터'의 흥행력을 증명해내자, 픽션 창작의 동향도 변화하기 시작했다. 악녀의 멘탈리티 묘사는 점점 정밀해졌다. 나를 따라 하는 여자, 착한 척하며 나를 견제하는 여자, 친구처럼 보이지만 사실은 나의 가장 큰 적인 여자. 사에의 후예들은 여성 독자를 향해 끊임없이 질문하고 있었다. '이런 여자 알지?' '이런 여자 본 적 있지?' '사실은 너도 기분 나빴지?'

악녀의 후예

여주인공 홍설의 캠퍼스 라이프와 로맨스를 그린 「치즈인더트랩」은 장장 7년의 연재 기간 여성 독자의 두터운 지지를 받았다. 작품은 다정한 얼굴 뒤에 싸늘한 속내를 감춘 선배 유정과의 수수께끼 같은 로맨스를 주축으로, 한국 여대생이 대학 생활에서 맞닥뜨릴 법한 비상식적인 인물을 첨가해가며 극의 긴장을 유지한다. 여성 독자의 공감을 자아낼 수 있도록 전형화된 이 '이상한' 인간 군상 가운데는 사에의 후예도 있었다. 홍설의 학과 동기인 손민수다. 때로는 스토킹으로 홍설의 안전을 위협했던 남자 동기 오영곤보다도, 권위적이고 폭력적인 남자 선배 김상훈보다도 더한 비난을 받곤 하던 손민수의 죄목은 홍설의 카피캣이라는 것이었다.

갈등은 존재감 없는 아웃사이더였던 손민수가 홍설에게 자극을 받으면서 시작된다. 이제 와서는 동성 친구가 나와 똑같은 패션을 추구하는 것이 도대체 무슨 문제인가 싶지만, 독자들은 이미 이 같은 서사에 열렬히 호응할 준비가 되어 있었다. 손민수는 순식간에 '발암'의 아이콘으로 부상한다. 작품은 손민수의 홍설 흉내를 이상 행동으로 설득하기 위해 점점 더 많은 자원을 투입했다. 홍설의 눈매와 비슷해 보이도록 쌍꺼풀 수술을 하고, 필기구 같은 사소한 아이템까지 카피하고, 홍설이 흘린 열쇠고리를 가로채고, 레포트를 표절하고, 홍설의 남동생까지 넘보는 그는 영화 「화차」의 주인공이 그랬듯 홍설의 고유한 인격을 훔치려 하는 것처럼 보인다. 굳이 비교하자면 손민수는 사에 기준 B급 악당이었다. 그는 사에처럼 지능적이지도 않았을뿐

더러, 사에만큼 악독해질 깜냥도 없었다. 그러나 여성 독자는 손민수를 좀처럼 용서하지 않았다. 작품 연재가 끝나고도 두고두고 그의 악행을 곱씹을 만큼.

여주인공 외에 유의미한 비중을 가진 여성 캐릭터가 등장하는 순간 여성 독자는 긴장한다. 그가 뭔가 나쁜 짓을 할 것 같다는 불길한 예감에 사로잡힌다. 그리고 그 예감이 현실이 될 때, 기다려왔다는 듯 증오를 퍼붓기 시작한다. 「내 ID는 강남미인!」은 이 자극-반응 학습을 연막으로, 그것도 제법 의식적으로 활용해 반성 효과를 이끌어내는 문법의 분기점이었다. 현수아는 공인된 '학과 여신'이면서도 강미래를 견제한다. 성형미인이라는 자기객관화가 너무 잘 되는 강미래의 자존감은 바닥이다. 현수아와 강미래는 사에와 모모의 관계를 닮았다.

한두 번 해본 솜씨가 아니다. 현수아는 아무것도 모르겠다는 얼굴로 같은 과 여학우들의 외모를 후려친다. 학기 초부터 강미래의 썸남을 가로챈 그는 강미래와 '학과 남신' 도경석의 로맨스를 좌시할 수 없다. 어딜 가나 애정과 관심을 독차지해야만 직성이 풀리는 '여왕벌' 현수아의 실체는 여학우들만 감지한다. 현수아를 '개념녀'로 추켜세우는 남학우들은 여자의 직감을 질투라며 비웃는다. 이런 구도를 잘 알고 있다고 생각하는 여성 독자는 강미래의 피해자성에 빠르게 몰입한다. 그러나 '혐수아' '암수아'라는 별칭이 댓글창을 도배할 즈음, 작품은 현수아의 평판을 반전시킬 카드를 꺼낸다. 현수아의 서사를 여성혐오의 피해자라는 맥락에서 재서술하는 것이었다.

납득할 만한 서사로 해명의 기회를 갖는 것은 용서받지 못한 채 사라져간 수많은 여성 악역이 누리지 못한 친절이었다. 이 친절에 힘입어 독자는 분노의 현장에서 빠져나온다. 현수아에게 퍼부어지던 증오의 열기는 반추할수록 서늘하다. 이제 독자는 스스로에게 질문해야 한다. 우리는 어째서 여성 캐릭터를 그토록 마음껏, 쉽게, 오래도록 미워해온 것일까? 우리는 과연 순도 100%의 여성혐오 피해자라고 단언할 수 있는가? 사실 우리 모두 여성혐오라는 스포츠를 즐기고 있었던 건 아닐까? 여성 독자가 현수아를 '용서'하는 단계에서 더 나아가 텍스트에 접근하는 자신의 태도를 반성할 때, 「내 ID는 강남미인!」의 트릭은 진가를 발휘한다.

여자들이란

동성 캐릭터를 향한 여성 독자의 적대감을 자극하는 로맨스 클리셰는 그것이 근본적으로 이성애물이기 때문에, 즉 이성 캐릭터를 향한 우호적인 감정을 최고조로 끌어올려야 성공하는 서사이기 때문에 더욱 문제적이다. '동성을 증오하기'와 '이성을 연모하기'라는 두 축이 교차하는 텍스트 경험은 쉽게 패턴화되고, 이 작업을 마친 독자는 낯선 캐릭터를 탐사하는 단계에서 이미 성별이라는 속성의 간섭을 받는다. 남성에게는 관대하고 여성에게는 가혹한, 여성 혐오 사회를 관통하는 마인드셋은 가상 세계에서도 몰입을 위한 준비 운동이 된다.

여성을 의심하기-폭로하기-응징하기로 고조되는 카타르시스는 현실의 여성 동성 집단이 해석되는 방식과도 쌍방향으로 영향을 주고받았다. '질시하는' '가식적인' '모함하는' 성질이 여성적이라는 편견에 픽션이 물을 대고, 편견의 당사자인 여성 독자가 픽션에 공감하면서 편견은 정설이 된다. '여자의 적은 여자'라는 구절을 매번 인용하는 것조차 귀찮았던 사람들은 경제성을 발휘해 '여적여'라는 두문자어를 만들어냈다. 여자 싸움은 '남자다운' 싸움과는 명확히 구분될 수 있도록 '캣파이트'라는 이름을 따로 얻었다. 손톱을 세우고 머리채를 잡는 여자들의 몸부림을 관전하는 사람들은 대체로 가소롭다는 듯 웃고 있다.

웹툰 「마스크걸」 1부의 시작은 가볍고, 우습고, 거북하다. 주인공은 스물아홉 회사원 김모미다. 타고난 '관종'이었던 그는 어른이 되어 기대했던 것과는 좀 다른 관심을 받게 되었다. 그는 너무 못생겨서 사람들의 시선을 끈다. 이 외모 덕분에 인기 아이돌의 꿈은 일찍이 거꾸러졌다. 하지만 특유의 '관종력'을 발휘한다면 김모미도 음지 문화에서만큼은 스타가 될 수 있다. 마스크로 얼굴을 가리고, 몸만 방송한다는 조건으로 말이다. 그렇지 않아도 얼굴에 가려 좀처럼 빛을 발하지 못하는 "탈아시아 급" 몸매를 자랑할 기회가 없어 고민이던 김모미는 밤이면 BJ '마스크걸'로 변신한다. 끔찍한 얼굴에 끝내주는 몸매를 가진 여자, 남자 유머의 단골 소재인 김모미의 극단적인 조형은 작품 내에서도 웃음거리가 된다. 그는 주제 파악을 못 하는 여자다. 김모미의 뒤태를 보고 쫓아왔던 남자는 김모미의 얼굴에 놀라 달아난다. 어떤 남자도 그를 원하지 않건만 김모미의 '정신 승리'는 공고하다. 그는 짝사랑 상대인 박기훈 부장이 자신을 좋아할지도 모른다는 기대에 흠뻑 취해 있다. 김모미의 망상적 세계관에서 최대의 악당은 회사 동료 이아름이다. 김모미는 박기훈을 유혹하는 이아름의 여우 같은 실체를 알아봤다고 주장하지만, 사실은 그저 이아름이 예쁘고 싹싹해서 미워하는 것 같다. 자부심 가질 구석이라곤 '자연산' 가슴뿐인 그는 수시로 이아름의 절벽 가슴을 비웃으며 자존감을 채운다.

이아름을 미워하는 사람은 김모미만이 아니다. 김모미의 회사 단짝인 유상순은 안티페미니스트의 머릿속에서 튀어나온 것 같다. 못생기고 덩치 큰 '메퇘지'에, 정치적으로 올바르기 때문에 '힙'한 나를 과시하는 '패션 페미'. 여성애를 지향할지언정 남자는 안 만나겠다면서 남몰래 박기훈을 짝사랑하는 '입페미'. 회식 자리에서 이아름이 자원한 술시중이 성희롱이라고 지적하고, 이아름이 담당한 커피 심부름이 불편하다는 유상순은 여성을 위하는 척 이아름을 견제하고 있다. 여자를 맹렬하게 증오하는 말을 내뱉을 때마다 밑천을 드러내는 유상순의 페미니즘은 사랑받지 못하는 여자의 핑계일 뿐이다.

그래서 이아름은 추녀들의 과대망상에 시달리는 결백한 여자일까? 아니다. 예상 외로 김모미와 유상순은 이아름을 제대로 봤다. 남자들의 환심을 이용하기 위해 '예쁜데 성격까지 좋은 여자'를 연기 중인 이아름은 실제로도 40대 유부남인 박기훈과 내연관계를 맺고 있다. 김모미가 목격하고, 유상순이 흘린 불륜관계를 잡으러 온 박기훈의 아내도 추한 인물이기는 마찬가지다. 천박한 행동거지, 성형수술한 얼굴, 명품 치장으로 '졸부 사모님' 스테레오타입을 답습하는 그는 사무실에 들이닥치자마자 이아름의 뺨을 때린다. 그러나 이미 박기훈의 외도를 수차례 용서해온 사모님은 이번에도 그렇게 '스트레스를 풀고' 넘어가줄 것이다.

작가들조차 앞으로 무슨 이야기를 하게 될지 몰랐던 것처럼 보인다. 「마스크걸」 1부는 페미니즘은커녕 '개그 콘서트'나 '코미디 빅리그' 같은 프로그램에서 봐오던 여성혐오적 풍자극을 닮았다. 작위적으로 느껴질 만큼 과장된 여성 캐릭터들은 여성에 대한 고정관념을 유형화해 늘어놓는다. 이 여자들은 누구보다 남자를 사랑하고, 서로를 힘껏 시기하며 '여적여' 구도를 형성한다. 「마스크걸」이 3부작 여성-스릴러 드라마로 확장되리라고 상상하기 어려운 초반부다. 김모미가 인터넷 방송 시청자 '핸섬스님'을 죽이기 전까지만 해도, 정말로 그랬다.

여자들이나 하는 짓

그런 여자는 없다고 단언하고 싶지는 않다. 우리는 사에를, 손민수를, 현수아를, 김모미를, 이아름을, 유상순을 한 번쯤, 아니, 여러 번 목격했을 수 있다. 왜 아니겠는가? 사람이 모이는 곳에는 견제가 생기게 마련이고, 그중에는 남을 헐뜯고 괴롭히는 사람도 있게 마련이다. 문제는 그러한 행동을 보이는 여성만이 과잉 대표된다는 것이다. 사람들은 여성 동성 집단이 분열하는 원인을 여성의 열등한 성정에서 찾으려 한다. 질투·허영·위선·기싸움·험담은 여자들이나 하는 짓이고, 남자들은 그런 멍청한 일에 시간을 낭비하지 않는다고 생각한다. 같은 싸움도 남성 집단에서 일어나면 정치이고, 처세이고, 권력 게임이 된다.

웹툰 「여중생A」의 주인공 장미래는 고작 열여섯이지만, 이 여성혐오적 착시 현상을 어느 정도 내면화한 것처럼 보인다. 장미래는 학교생활이 괴롭다. 그는 또래와 자신 사이에 접점이 없다고 생각한다. 만화와 아이돌에 열광하는 동성 친구들은 몰취향하다. '엄친딸' 이백합이 장미래에게 표현하는 호감은 시혜 의식으로 보인다. 반면 동급생 이태양은 약간의 호의만으로도 손쉽게 장미래의 경계심을 허문

「마스크걸」 3화 '성형미인' 중에서

다. 이태양과 알고 지내면서 덩달아 말을 트게 된 송재민도 나쁘지 않은 상대다. 장미래는 자신을 '편안하게' 대하는 이 남자들을 친구 내지는 연인 후보로 끌어당긴다.

동성과 나의 차별점에 주목하고, 동성 집단과 나를 분리하려는 장미래의 시도는 그가 여성으로서 쌓기 시작한 자의식과 무관하지 않아 보인다. 장미래에게 '여자됨'은 굴욕적인 경험이다. 부친은 때리고 모친은 맞는다. 모친은 때리는 남편을 변호하고 부친은 맞는 마누라를 모욕한다. 생리대를 사려면 몰래 아버지의 호주머니를 뒤지고, 폭언을 들어가며 돈을 구걸해야 한다. 장미래는 자아효능감을 충전할 수 있는 유일한 공간인 온라인 게임 '원더링 월드'에서 남성이기를 선택했다. 날파리처럼 들끓는 남성 유저를 몰고 다니는 여자가 되기보다는, 남자 아바타를 쓰고 남자 말투를 모사하며 길드원들과 호형호제하는 편이 더 '쿨'해 보인다. 그럼에도 장미래는 자꾸만 여자가 된다. 남성 유저 '길드마스터'를 짝사랑하며 그의 행동에 일희일비하고, 여성 유저로 알려진 '희나'와 길드마스터의 친분을 질투하는 장미래는 아직 이 모순감을 해결하지 못했다.

장미래를 좀더 깊게 이해하려면 「여중생A」의 시대적 배경을 감안해야 한다. 전작 「아이들은 즐겁다」에서 그랬던 것처럼, 지나간 시절의 풍경과 감수성을 탁월하게 복원할 줄 아는 작가 허5파6은 「여중생A」에서도 그의 장기를 발휘한다. 「여중생A」의 배경인 2000년대는 인터넷 문화가 폭발적으로 팽창하기 시작한 시기다. 작품에 등장하는 여중생들은 각자의 경로로 인터넷 문화에 참여하고 있으며, 미디어 환경의 격변으로 인해 새로운 위험에 노출된다. 남자 게이머들은 여성 유저를 구애의 대상으로 여기고, 이 열기 속에서 어떤 남자들은 여자를 사칭하며 재미를 본다. 오타쿠 커뮤니티의 성인 남자들은 부적절한 의도를 품고 여성 청소년에게 접근한다. 웹상에서는 'ㅇㅇ녀' 사냥이 한창이다. 그리고 장미래는 이 모든 해프닝의 목격자다. 집에서도, 학교 안팎에서도, 가상 공간에서도, 어디서도 안전할 수 없는 장미래가 자아를 보호하는 가장 간편한 방법은 여성임을 부정하는 것일 테다.

스스로 의식하지 못할지언정 여성이라는 정체성과 밀착된 장미래의 자기혐오는 동성과의 관계 맺기에도 영향을 끼친다. 「마스크걸」의 김모미도 마찬가지다. '최고의 몸매'라는 자기애와 '최악의 얼굴'이라는 자기혐오 사이에서 분열하는 김모미의 자아 인식은 여성혐오로 표출된다. 이 여자들은 서로를 잘 안다고 생각하지만, 그 '알고 있음'에 선행하는 여성혐오적 가치판단을 인지하지는 못했다. '여적여' 프레임은 이 선후관계를 뒤집어 여성이 연대의 구심점을 형성하지 못하도록 방해 전파를 발산해왔다. 여성 간의 커뮤니케이션이 끊임없이 행간을 읽어내야 하는 피로한 행위가 되고, 동성 집단은 안식처가 될 수 없는 것처럼 보여서 여성이 서로를 겨누다 뿔뿔이 흩어지도록. 김모미와 장미래는 여성 집단에 소속되기를 꺼리고, 소속되고자 하는 남성 집단에서는 여성으로 구분 지어지기 때문에 혼자다.

여성혐오의 재현과 여성혐오 비판을 오가던 「마스크걸」이 도약하는 순간은 내부를 향하던 증오의 에너지가 처음으로 방향을 바꿀 때다. 박기훈과 이아름의 불륜 가십에 가장 타격을 입은 사람은 엉뚱하게도 김모미다. 모멸적인 사건들이 꼬리에 꼬리를 물고 일어나면서 김모미는 퇴사를 단행하고, 홧김에 마스크걸 방송 시청자인 '핸섬스님'과 만난다. 김모미의 몸이 목적이었던 핸섬스님은 온갖 감언이설을 늘어놓는가 싶더니, 모텔에서 성관계를 거절당하자 곧바로 본색을 드러낸다. 김모미는 자신에게 모욕을 퍼붓는 핸섬스님을 살해하고 훼손한 시신을 산속에 유기한다. 이어 마스크걸의 정체를 알고 있던 회사 동료 주오남도 같은 방식으로 제거한다. 연쇄 토막 살인범 김모미는 이제 '눈에 띄는 추녀'로도 살아갈 수 없다. 성형외과 문지방이 닳아지도록 드나들면서도 결단을 망설이던 그에게 마침내 강력한 명분이 생긴 것이다. 김모미는 "강남역 가면 10초에 한 번씩 보이는 얼굴"로 신분을 위장한다. 그는 이제 세상의 수많은 '김모미들' 속에서도 자신을 거울처럼 비추는 여자와의 만남을 앞두고 있다.

너는 나 나는 너

아무리 '강남미인'이라지만, 김모미와 김춘애는 너무 똑같이 생겼다. 따로 본 사람들은 둘이 동일 인물이라 생각하고, 한 자리에서 본 사람들은 둘이 자매냐고 묻는다. 이 후천적 쌍둥이가 서로를 마주친 곳은 지방도시의 토킹바 '첫사랑'이다. 신분을 감춰야 하고, 금융 거래도 막히고, 기술도 인맥도 없지만, 이제 외모는 그럭저럭 쓸 만해진 김모미에게 돈 되는 일거리는 그 정도다.

박힌 돌과 굴러온 돌이다. 김모미와 김춘애는 닮았다는 말이라면 특히 질색팔색을 한다. 옷이라도 겹치는 날엔 기분이 더 더럽다. 노골적인 반목은 첫 만남부터 시작됐지만,

김춘애보다는 김모미가 한 수 위다. '아름'이라는 예명으로 활동하며 이아름을 엿 먹이는가 싶던 김모미는 서서히 김춘애의 접대부 캐릭터인 '라라'를 넘본다. 그는 기어이 닮은 외모를 이용해 김춘애를 '첫사랑'에서 쫓아낸다. 그래도 김모미의 연극은 멈추지 않는다. 소셜미디어 유명인사가 되고, 쇼핑몰 모델이 되고, 연예 기획사와 계약을 하고, 과도한 성형수술로 얼굴이 무너져 에로 배우로 전락할 때까지도 그는 '라라'라는 이름을 고수한다.

이렇게 또 두 여자가 우정을 쌓을 가능성이 봉쇄되었다. 이상한 일이다. 여자들은 늘 다른 여자가 취향을 훔쳐서, 스타일을 따라 해서, 아이템이 겹쳐서, 똑같이 생겨서 화를 내고 있는 것 같다. 이것이 고유한 정체성을 위협하는 행동이라는 설명만으로는 충분하지 않다. 남성 동성 집단에서는 유효하지 않은 서사이기 때문이다. 「여중생A」에서 이백합의 헤어스타일을 따라 하는 장노란은 독자의 짜증을 유발한다. 하지만 송재민이 현재희의 패션을 머리부터 발끝까지 카피해도 그의 저의는 의심당하지 않는다. 그것은 '멋져지고 싶은 남자'의 동경이자 '멋진 형님'에게 보내는 리스펙트다. 웹툰 「패션왕」의 우기명은 당시 남학생들 사이에서 크게 유행했던 '노스페이스' 패딩을 입고 싶어 한다.

남성 또래 집단에서 '노스페이스'는 공감의 도구이자 지위의 상징이기 때문이다. 그는 남의 아이템을 흉내내서가 아니라, 정품 아닌 가품을 입어서 비웃음을 산다.

왜 여자들의 외양 카피는 동경이나 공감대로 선해될 수 없는가? 그것은 늘 너무 파렴치한 도둑질로 묘사된다. 사에, 손민수, 장노란의 행동이 찝찝한 이유는 작품 안에서도 명확하게 설명되지 않는다. 여성 독자는 '여자들에게 기분 나쁜 것이니까 기분 나쁜 것'이라는 심정적 합의에 따라 공분할 뿐이었다. 「마스크걸」 김모미와 김춘애의 충돌이 흥미로운 이유는 둘의 관계에서 이 수수께끼를 풀 힌트를 얻을 수 있기 때문이다. 같은 장소에서 마주친 같은 얼굴! 언뜻 공상과학적으로 들리는 설정이지만 개연성은 더없이 충분하다. 아름다움이 여자의 경쟁력이라는 메시지에 파묻혀 청소년기와 청년기를 보냈고, 그래서 아무런 의심이나 반성 없이 외모 경쟁에 투신했던 '1980년대생 한국 여자'에게라면.

김모미와 김춘애가 1980년대생이라는 설정은 그들을 압박하는 아름다움의 무게와 깊게 연관되어 있다. 두 사람은 당연히 외모 경쟁에서 승리하고 싶어 한다. 이 외모 경쟁에서는 내가 확보한 외모 자원이 우월할수록, 우월하면서 배타적으로 고유할수록 더 높은 점수를 받는다. 그래서 김모미와 김춘애는 서로의 존재에 본능적인 불쾌감을 느낀다. 둘이 함께할수록 외모 자원의 진품성(authenticity)이 깎여나가기 때문이다. 이 진품성에 대한 프라이드는 「내 ID는 강남미인!」의 현수아가 강미래를 눈엣가시로 여기는 이유이기도 하다. 현수아는 인조미인 강미래가 '공정한 외모 경쟁'의 룰을 위반했다고 생각한다. 사에나 손민수의 죄 역시 이 반칙과 관련 있다. 트렌드를 탐색하고, 시행착오를 거쳐, 어울리는 스타일을 발굴하는 유무형의 투자를 생략하고 그 열매만 따먹으려 한 그들은 '공정한' 참가자를 화나게 한다.

그러나 김모미와 김춘애의 진짜 비극은 그들이 애초에 독점적 자원을 가질 수 없는 계층이라는 점에 있다. '끔찍한' 추녀가 사회의 요구를 만족시킬 방법은 그 사회의 미감이 빚어낸 거푸집에 들어가는 것뿐이므로. 김모미와 김춘애는 아름답지 않은 것이 여성의 가장 큰 죄악이던 시대, '죄인'을 모욕하는 소리가 하늘을 찌르던 시대를 정통으로 맞은 여자들이다. 추녀는 성형미인이 되고자 하고, 성형미인은 자연미인이 아니라 슬퍼하고, 자연미인은 더 예쁜 여자를 바라보느라, 여성이 여성과의 관계 속에서 불행감을 떨쳐낼 수 없던 시대의 여자들이다. 이 지점에서 「마스크걸」은 세대론이 된다.

실패한 연대

「마스크걸」에는 김모미와 김춘애를 더 강력한 세대적 관점으로 묶어줄 여자가 있다. '귀한 아들'을 잃은 여자, 김경자다. 작품 2부는 김경자의 생애를 빠른 속도로 보여주며 열린다. 남편은 경제적으로 무능했고 외도를 일삼았다. 한부모가정의 가장이 되었다. 중년 여성에게 허용된 일자리는 많지 않다. 식당 일, 이삿짐 센터, 식품 포장 등 저임금 육체노동으로 가계를 부양하는 김경자에게 주오남은 유일한 삶의 희망이었다. 그 희망이 "천진난만한 우리의 아들들"을 현혹하는 마녀의 손에 파괴된 뒤, 김경자에게는 새로운 삶의 목표가 생겼다. 무능한 공권력이 놓쳐버린 "내 아들 죽인 년"을 직접 징벌하는 것이다.

김경자는 분노, 보상심리, 남근숭배, 성 죄악시로 비틀린 자신의 세계관이 주오남에게 이식되었다는 사실을 모른다. 마스크걸을 욕망하면서도 역겨워하는 주오남의 여성혐오, 특히 창녀혐오는 상당 부분 김경자의 작품으로 보인다. 주오남의 작은 키, 뚱뚱한 몸, 못생긴 얼굴, 너무 이른 나이에 찾아온 탈모는 죄가 아니다. 진짜 문제는 주오남이 남성으로서의 권능감에 목말라 있다는 것이다. 여성의 섹슈얼리티 위에 군림할 방법을 찾아 주오남은 가상 공간에 정착했다. 2D 미소녀들에게 위로를 받고, 여자들에게 별풍선을 쏠 때만큼은 그도 '남자'가 된다. 동성 집단에서도 이성 집단에서도 도태됐지만, 그래도 주오남은 한국 남자를 대표한다. 누군가의 끔찍하게 귀한 아들이기 때문에.

김경자는 "아들을 위해서라면 뭐든지 할 수 있었던" 세대의 여성 기수다. 여성의 몸으로는 누릴 수 없었던 권력을 아들로부터 양도받으려던 김경자는 절망하고 있다. 그는 자신의 아들이 괴물이었다는 사실을 조금은 알지만, 그 책임을 외면하기 위해서는 주오남의 삶을 완전무결한 성역으로 미화해야 한다. 그래서 김경자와 김모미의 욕망은 충돌할 수밖에 없다. 김모미와 김춘애는 김경자가 주오남을 길러내고, 또다른 김경자들이 더 많은 주오남들을 길러내는 동안 한국의 딸들에게 벌어진 '사건'이기 때문이다. 이 두 세대가 대결하면서 「마스크걸」은 두 번째 도약을 맞는다. 뒤늦게, 김모미와 김춘애는 서로가 서로에게 어떤 의미인지 조금씩 깨달아가는 것이다.

무모할 정도의 집념으로 거리를 좁혀오던 김경자가 처음 던진 그물에 걸려든 것은 김춘애다. 김모미와 김춘애를 구분하지 못하던 김경자에게 억울하게 납치당한 김춘애는 김경자의 복수 계획에 가담한다. 이제 김모미에게 당한 수모를 갚아줄 차례다. 그러나 막상 찾아낸 김모미는 폐인이 되어 있다. 집은 허름한 판자촌에, 얼굴은 괴사 직전이다. 자신과 같은 여자에게 얼굴이 무슨 의미인지 너무도 잘 아는 김춘애는 김모미를 외면하지 못한다. 성형 부작용 재수술을 돕는다. 김모미의 난처한 사정은 여기서 끝이 아니다. 그는 생부가 누구인지 모를 아이를 임신했다. 중절수술 비용을 빌려달라는 김모미의 부탁에 김춘애는 한 번 더 공명한다. 이미 임신중단 경험이 있는 김춘애에게는 이것이 남의 이야기일 수 없기에.

증오와 연민 사이에서 갈피를 잡을 수 없다. 머리는 빨리 김모미를 치워버리라 하지만, 마음은 그렇지 않은 김춘애는 가능성들을 저울에 달아보고 있다. 그렇게 머뭇거리는 사이 김춘애에게도 마침내 사고가 터진다. 이상하리만치 절박한 도움 요청에 김춘애의 집을 찾은 김모미는 바닥에 쓰러져 있는 시신을 발견한다. 김춘애의 동거남이다. 그

다음 눈에 들어오는 것은 흠씬 두들겨 맞아 피떡이 된 김춘애의 얼굴이다. 묻지 않아도 무슨 일이 있었는지 알 수 있다. 이들은 비로소 서로가 연결되어 있음을 자각하는 것처럼 보인다. 이미 사체 은닉 경험이 있는 김모미는 선배로서 현장 수습에 발 벗고 나선다.

트렁크에 남자의 조각들을 담고 산속으로 향하는 길은 「마스크걸」에서 가장 환상적으로 연출되는 장면이다. 인형, 풍선, 달콤한 간식들, 소녀들의 장난감을 부수며 달려가는 자동차 앞좌석에는 김모미와 김춘애가 앉아 있다. 서로 본 적도 없는 얼굴로, 이 모든 불행을 초래한 근원이자 한때 자신이 그토록 증오했던 '진짜' 얼굴을 하고서. 밤하늘로 날아오르는 자동차처럼 김춘애와 김모미의 유대감은 최고조에 이른다. 그러나 이 마술적 효과는 이내 사라져야 한다. 김춘애의 마음이 김모미에게 완전히 기울어진 순간, 김모미는 김경자와 김춘애의 내통을 눈치챈다. 김모미는 다시 김춘애의 껍데기를 훔친다. 아니, 둘의 껍데기를 아예 바꿔친다. 김춘애를 기절시켜 옷을 바꿔 입고, 머리색을 바꾸고, 마스크걸 가면을 씌우자 김춘애도 마스크걸을 똑 닮았다. 김모미는 김춘애로 위장해 김경자에게 가짜 마스크걸을 넘긴다. 기분 나쁜 얼굴을 가진 여자, 김춘애가 드디어 세상에서 사라졌다. 원하던 대로 된 것일까? 김춘애에게서 배신의 정황을 확인할 때도, 김춘애의 머리를 내려칠 때도, 김모미는 울고 있다.

여자친구가 필요해

일종의 사고 실험이다. 「마스크걸」의 여자들은 욕망을 조절할 줄 모른다. 그래서 비윤리적인 선택에 이끌린다. 그 선택은 대체로 상황을 더 나쁘게 만든다. 대오 각성의 순간 없이 인물들의 욕망을 끝까지 밀고 나가는 작품은 일그러진 시대가 여성의 삶을 어디까지 파괴할 수 있는지 상상하는 것처럼 보인다. 김모미는 정말로 냉정해져야 할 때를 모른다. 곧 들통날 눈속임으로 김경자의 추적을 따돌린 뒤 그는 기어코 아이를, 그것도 딸을 낳았다. 너만은 나처럼 자라지 않게 하겠다는, 양육자가 으레 꿈꾸고 또 으레 실패하는 목표를 가슴에 품고.

이렇게 세상에 나온 '마스크걸의 딸'은 김모미가 무기징역을 선고받은 시점인 「마스크걸」 3부의 새로운 이야기 축이다. 오랜 도주 생활에 경찰의 수사망이 좁혀지면서 김모미는 어머니 신영화에게 아이를 위탁해두었다. 신영화는 손녀에게서 딸의 그림자가 보일 때마다 거부감과 책임감 사이에서 번뇌한다. 김경자는 중년을 투신한 사적 복수의 꿈을 이루지 못하고 늙어버렸다. 김경자는 이 고통스러운 복수극에 매듭을 짓고 싶다. 그는 마스크걸의 딸, 김미모를 가장 고통스러운 방식으로 죽여 김모미에게 똑같은 고통을 돌려주려 한다.

김경자와 신영화, 김모미와 김춘애, 김미모와 김미모의 동급생 예춘으로 여성 3대의 계보를 완성하면서 「마스크걸」은 역사에 대한 메타포가 된다. 죽은 아들을 끌어안고 사는 김경자처럼, 김모미도 외모 강박을 끝끝내 내려놓지 못할 것이다. 기성세대 여성의 욕망은 다음 세대 여성에 고통으로 대물림된다. 김미모는 마스크걸의 딸이라는 사회적 낙인에 쫓기다 이름까지 김현지로 개명했다. 이후 세대 여성의 눈에 이전 세대 여성의 욕망은 역겹고 추하게 보인다. 엄마가 어떤 사람인지 알고 싶은 김현지는 인터넷에 떠도는 자료들을 검색해 마스크걸이 누구인지 배워야 한다. 엄마의 자취를 따라 제2의 마스크걸이 될 것도 같고, 세상을 향한 분노로 폭발해버릴 것도 같은 김현지는 모든 가능성이 열린 존재이기에 더욱 불안하게 보인다. 그러나 그가 원하건 원하지 않건, 김현지는 실패한 세대가 남겨둔 숙제를 물려받을 운명이기도 하다. 김경자와 김모미에게 불가능했던 화해를, 김모미와 김춘애가 놓치고 만 연대를.

어린 시절부터 김현지를 길들여온 김경자가 복수의 밑작업을 거의 마무리하고, 김모미가 김현지를 보호하기 위해 탈옥을 결심하면서 「마스크걸」의 서스펜스는 고조된다. 어른들은 김현지를 둘러싸고 각자 방식대로 과오를 수정하려 하지만, 이제 겨우 10대 중반인 김현지에게는 이 모든 알력 싸움이 버겁고 괴롭기만 하다. 그래서 김현지를 구출할 적임자는 어떤 어른도 아닌 또래 여성 예춘이다. 김현지는 속된 의미로 성공한 삶을 살지는 못하지만, 방황할 때마다 그의 곁에는 늘 예춘이 있다. 예춘의 애정과 신뢰는 김현지의 인생이 파멸할 수 없도록 저지한다. 더 나쁜 선택을 가로막는 안전망으로서, 외롭고 혼돈한 존재를 비추는 불빛으로서. 김경자와 신영화의 인생에는 흔적도 없었고, 김모미와 김춘애가 고지의 목전에서 깨뜨리고 만 시스터후드가 두 여자아이의 손으로 완성되면서 비로소 「마스크걸」은 이야기를 닫는다.

「여중생A」의 장미래에게도 최초의 울타리는 여자친구들이었다. 늘 자살 생각을 떨치지 못하던 장미래는 동성과의 관계 맺기가 가능해지고부터 전에 없던 삶의 즐거움을 발견한다. 남성 무리의 일원 되기로는 채울 수 없었던 감각, 여성이라는 동질성을 기반으로 한 유대감은 그가 세계 속에서 위치를 수정해나가는 동력이 된다. 장미래의 담장 허물기는 또래의 취미를 얕보던 오만함을 내려놓는 데서부터 시작이다. 애정·우열감·긴장·위압감·선망·질투·동정 등 동성 간의 다양한 감정을 탐험하고, 그 관계의 각기 다른 배경과 이유를 관찰하면서 장미래는 드디어 여성(임)을 받아들이는 것처럼 보인다. 「마스크걸」의 예춘이 그랬듯이, 「여중생A」의 여자친구들은 어른의 시선이 닿지 않는 사각지대에서 서로를 구출하고 성장시킨다.

여성 집단이 언제나 인류애 넘치고 정의로운 공간은 아닐 것이다. 그러나 나와 너무 다르다는 이유로도, 나와 너무 닮았다는 이유로도, 여성의 증오는 너무 쉽게 여성을 겨눠왔다. 여성 스스로 불필요한 소외에 뛰어들게 만드는 것이야말로 효과적인 여성 통치의 프레임이었음을 이제 우리는 안다. 여성 간의 관계는 "여자들은 피곤해" "여자들은 예민해" "여자들은 불편해" 같은 납작한 말로 재단할 수 있을 만큼 단순하지 않다. 이성 간의 이끌림이 가장 매혹적인 긴장이고, 이성 간의 사랑이 가장 숭고한 감정이라 설파하는 거대 서사의 재현 규칙에 의해 열등한 것으로 끌어내려져 왔을 뿐.

「마스크걸」이 형성한 세대의 계보 속에서 독자는 나의 자리를 탐색한다. 어느 정도는 나 자신이고, 어느 정도는 나 자신이 아닌 표본들로부터 거리를 조정하며 그 여자들이 왜 그렇게 되었는지를 생각한다. 이 '왜'야말로 동지가 될 수 없다는, 혹은 동지가 아니었다는 배신감에 휩싸인 여성들에게 가장 중요한 질문일 것이다. 김현지는 30대가 되어서야 엄마라는 과제를 대면할 용기를 낸다. 그는 마스크걸의 과거가 아닌, 김모미의 성장 과정을 추적한다. 김현지의 손길이 멈춘 곳은 1992년의 유치원 학예회 녹화 비디오다. 김모미의 인생에서 가장 화려한 순간으로 기록된 그 무대 위에는 발랄하고, 재능이 넘치고, 미래를 꿈꾸는, 아주 평범한 여자아이가 있다. 어린 김모미를 지켜보는 김현지의 얼굴에는 희미한 미소가 떠오른다. 김모미에게도 역사가 있다는 것을 마침내 이해했다는 듯이.

김현지와 김모미의 관계가 예춘과의 그것 같은 시스터후드로 결속될 가능성은 없지만, 최소한 김현지는 이제 김모미를 예전보다 덜 미워할 수 있을 것이다. '왜'를 묻기 시작했기 때문이다. 나는 지금도 가끔은 어떤 여자들을 이해하기가 어렵다. 그들과 내가 한편에 설 날이 과연 올는지 의심스럽고, 이 의심은 보통 '여성의 미래'에 대한 비관적인 전망을 불러낸다. 그럴 때면 나는 잠시 숨을 고른다. 그들이 지나온 시대와 나의 시대가, 내가 지나온 시대와 이 다음에 올 시대가 어떻게 다른지 따져보기 위해서. 이 모두가 어디에서 탄생했는가를 추적하다보면 세상에 미워할 만한 여자는 별로 없다. 그래서 나에게 '왜'는 여성과의 연대를 쌓는 첫 주춧돌이다. 지금 우리는 모두 각자의 속도로 달리고 있어도, 언젠가는 한곳에서 만나리라는 기대를 저버릴 수 없게 만드는 단 하나의 질문이다.

주

1   1990년대 중반 일본에서는 걸girl의 일본식 발음인 '갸루'가 당시 유행했던 독특한 스타일링을 일컫는 패션 용어로 정착한다. '고갸루'는 톤다운한 피부 화장, 밝게 탈색한 머리카락, 과장된 눈화장이 특징인 '갸루' 스타일 여성 가운데서도 여고생을 특정한다. 고갸루는 성인 남성과 원조교제하는 사례가 많아 사회문제로 오르내리기도 했는데, 극중의 모모 역시 이 같은 시대적 상황 때문에 성적으로 문란하다는 편견에 시달리곤 한다.

여성 서사 웹툰 추천

본문에서 표제작으로 선별한 웹툰은 총 14편이다. 그러나 원고를 작성한 시기상의 한계로 인해, 혹은 글의 전개 방향과 밀착되지 않아 충분히 다룰 수 없었던 작품도 있다. 이 아쉬움을 담아 각 장의 표제작을 포함, 주제를 더 넓은 범위로 확장해 함께 읽을 수 있는 웹툰 목록을 작성했다. 대상은 웹툰 플랫폼에서 연재되었거나 연재 중인 여성 작가의 작품으로 한정했다(「며느라기」 제외).

우리 탈가정할 수 있을까(가족, 가정폭력)

- AJS 「27-10」(2019~, 네이버 웹툰)
- 다온 「땅 보고 걷는 아이」(2019~, 네이버 웹툰)
- 단지 「단지」(2015~2017, 레진코믹스)
- 란탄 「화의방향」(2018~, 핀치)
- 미역의효능 「아 지갑놓고나왔다」(2015~2017, 다음 웹툰)

'코르셋' 밖으로(외모 강박, 꾸밈노동, 탈코르셋)

- 기맹기 「내 ID는 강남미인!」(2016~2017, 네이버 웹툰)
- 김탐미 「껍데기」(2018~, 다음 웹툰)
- 라미 「롱롱데이즈」(2014~2018, 다음 웹툰)
- 이연 「화장 지워주는 남자」(2018~, 네이버 웹툰)

비혼의 조건(비혼, 노동, 주거)

- 김정연 「혼자를 기르는 법」(2015~2018, 다음 웹툰)
- 모모 「어바웃 블랭크」(2017~2019, 케이툰)
- 미깡 「하면 좋습니까?」(2018, 다음 웹툰)
- 솔뱅이 「열정호구」(2016~, 네이버 웹툰)
- 호올 「슬픔의 미학」(2017~2018, 저스툰)

나쁜 남자를 사랑한 개념녀(연애, 데이트 폭력)

- 곤 「예민보스 이리나」(2018~2019, 저스툰)
- 정서 「알고있지만」(2018~2019, 네이버 웹툰)
- 요니 「소설」(2018~2019, 저스툰)

헬조선이냐 탈조선이냐(해외 생활)

- 경선 「데일리 프랑스」(2018~, 봄툰)
- 완두 「도쿄 1인분」(2018~, 핀치)

맘카페에서나 하라던 이야기(결혼, 임신, 출산, 육아)

- 들개이빨 「족하足下」(2017, 핀치)
- 쇼쇼 「아기낳는만화」(2017~2018, 네이버 웹툰)
- 수신지 「며느라기」(2017~2018, 인스타그램 공식계정)
- 정구지 「왜 아무도 말 안 해줬어」(2018~2019, 저스툰)
- 해다란, 시현 「남의 부인」(2018~2019, 케이툰)

여자, 퀴어, 여자 퀴어(레즈비언, 퀴어)

- 검둥 「안녕은하세요」(2018~2019, 저스툰)
- 김술래 「그녀랑 그녀」(2017, 핀치)
- 섬멍 「청아와 휘민」(2016~2018, 레진코믹스)
- 지애 「에이리언 아이돌」(2017~, 저스툰)

냉장고에서 뛰쳐나온 여자들(성역할 반전, 여성 중심 서사)

- 고사리박사 「극락왕생」(2019~, 딜리헙)
- 들개이빨 「홍녀」(2018~, 저스툰)
- 미애 「어글리후드」(2017~, 네이버 웹툰)
- 박지은 「아메리카노 엑소더스」(2014~2019, 네이버 웹툰)
- 서이레, 나몬 「정년이」(2019~, 네이버 웹툰)
- 뼈피살 「합법해적 파르페」(2019~, 네이버 웹툰)

'빨은' 고전 다시 읽기(고전 리메이크)

- seri, 비완 「그녀의 심청」(2017~2019, 저스툰)
- 김달 「여자 제갈량」(2014~2016(연재중단), 레진코믹스)
- 돌배 「계룡선녀전」(2017~2018, 네이버 웹툰)
- 이하진 「카산드라」(2012~2014(연재중단), 다음 웹툰)

연대하는 여성(여성 간 애정과 연대)

- 모랑지 「소녀의 세계」(2015~, 네이버 웹툰)
- 매미, 희세 「마스크걸」(2015~2018, 네이버 웹툰)
- 청건 「여자친구」(2016~2018, 레진코믹스)
- 허5파6 「여중생A」(2015~2017, 네이버 웹툰)

다 된 만화에 페미니즘 끼얹기
-여성 서사 웹툰 읽기

초판 1쇄 발행 2019년 9월 30일

발행 | 산디
글 | 탱알
편집 | 김정희
디자인 | 소요 이경란

출판신고 | 2017년 5월 15일 제2017-000125호
전화 | 02 336 9808
팩스 | 02 6455 7052

sandi@sandi.co.kr
instagram.com/sandi.books
twitter.com/sandi_books

ISBN | 979-11-90271-00-4 03300

* 책값은 뒤표지에 있습니다.
* 이 책의 내용 전부 또는 일부를 이용하려면 반드시 저작권자와 산디의 허락을 받아야 합니다.
* 이 도서의 국립중앙도서관 출판예정도서목록(CIP)은 서지정보유통지원시스템 홈페이지(http://seoji.nl.go.kr)와 국가자료종합목록 구축시스템(http://kolis-net.nl.go.kr)에서 이용하실 수 있습니다. (CIP제어번호 : CIP2019028983)